野球で分かる
47都道府県「県民性」

手束 仁

祥伝社黄金文庫

はじめに

四七都道府県の県民性の違いを感じながら野球を見る楽しみ

スポーツというのは一つの文化であり、これは私の持論なのだが、そのスポーツ文化は大きく分けて、見る側とする側によって成り立っている。

ことに、スポーツそのものが国民の中で普及し繁栄していけばいくほど、その傾向は顕著になっていく。日本人にとっては、その最たるものが野球である。

それは日本が野球立国だからでもある。野球立国とは、野球で国が成り立っているということである。つまり、多くの人が野球に興味を持って、野球を見て、野球を語り、それぞれが思い思いの立場から野球を楽しみながら生活をしているということだ。

そこでここでは、する側としての技術論や戦術論、戦略論というよりも、見る側としての楽しみ方や文化論としての野球を日本独特の都道府県の県民性にあてはめながら分析してみようと試みた。

オリンピックで盛りあがり、サッカーのワールドカップで熱くなりながらも、日本人がスポーツを文化として語るうえでは、やはり野球が筆頭だということは間違いない。

日本にベースボールというスポーツが伝わってきたのが一八七一（明治四）年と言われている。それを「野球」と中馬庚《ちゅうまかのえ》が和訳したのが、一八九四（明治二七）年である。いうならばそれが野球元年と言ってもいいものだ。

以来、一二〇年以上の年月を経《へ》て今なお日本人の間で野球は発展し続けている。学生野球で普及し、それが中等野球から高校野球としてさらに広がっていくうちに、プロ野球も大いに発展していった。

太平洋戦争で「野球は敵国スポーツ」ということで、さまざまな大会が中断せざるを得ないという不幸もあった。しかし、戦後いち早く復活したのも野球だった。野球が多くの人に元気を与えて戦後復興の一助も担った。先の東日本大震災で大きな被害を受けた東北の人たちも、二〇一三（平成二五）年の東北楽天ゴールデンイーグルスの創設九年目での日本一に復興への勇気を貰《もら》えたと心から喜んだ。

それだけ野球は我々日本人の生活の中に入り込んでおり、間違いなく生活文化の一つとして定着しているということなのだ。

野球人気が日本で完全に定着した要因は、歴史的に見ても高校野球（戦前は中等野球）の隆盛である。その最大の要素としては、甲子園に都道府県単位で代表校を送り込んでいくことで郷土愛と地場意識を高揚《こうよう》させる要素があったからだ。

日本列島は東西に長い。それだけに、気候風土も異なれば言葉にも違いがあるように、生活習慣や食生活にも差異が生じるものだ。当然、野球に対しての取り組み方やスタイルにも微妙に違いが出てくるであろう。

私自身も、全国各地の学校やチームを訪れ、野球を観戦していく中で、各地の特徴や特色を感じてきたことも多い。それを自分なりの視点で分析しながら野球を見ていくと、選手にもチームにも、確実にその土地ならではの色があることを発見してきた。つまり、野球を通して見ることで、それぞれの県民性も見えてくるということなのだ。野球文化にも、それぞれの風土の特徴があることは確かである。

それならば、風土や土地の特徴に野球スタイルや野球人のプレースタイルを重ね合わせて見ることによって、新たな野球の楽しみ方も生じてくるはずだ。

本書は、野球を一つの地場産業として捉《とら》え、県民性を語りながらそれぞれの都道府県の野球を考察していくことで、見る側として一つの野球の楽しみ方があるということを私なりに提案したものである。

なかには異論や反論もあるかもしれない。しかし、そうした意見も含めて、野球で語り合えることこそ、野球が文化として成り立っているという理由である。

さらなる野球文化の普及と、野球観戦の楽しみの一助として本書が役立てば、著者としてはこの上ない喜びである。

平成二六年　夏

手束《てづか》　仁《じん》

目次

第三章　北信越編

第四章 東海編

第六章　中国編

第七章 四国編

第八章　九州編

本文装丁／盛川和洋

本書は2005年8月に祥伝社新書として刊行された『「野球」県民性』を加筆修正し、改題をして文庫にしたものです。

第一章

北海道・東北編

北海道

ファイターズの札幌移転と駒大苫小牧の全国制覇が野球への意識を変えた

●大自然に恵まれ、大らかな性格が多い道産子の心がベース

北海道はもともと開拓民によって新たな文化が導入されて発達してきた土地である。したがって、外からのものに対しても非常に寛容に受け入れてくれる。「三日住んだら道産子」とも言われるくらいに、住み着いてしまうと居心地の良い土地だ。これも、北海道という大地に根ざした人々の受け入れ態勢が自然と豊かになっているからなのだろう。

当初一部プロ野球関係者の間では懸念《けねん》されていた、日本ハムの北海道移転も、ことのほかスムーズに流れた。こんなことならば、もっと早く移転しておけばよかったのに……、という声も聞かれたくらいだ。

気候的にも、梅雨がない影響は大きいだろう。だから、性格的にもカラッとしている。確かに、北海道の人は小さなことにはこだわらず、許容範囲が広い。かつて、犯罪者が流れていったことが多かったというのも、実はそんな北海道民の許容性に甘えていたのでは

ないか。また、やはり雪国なので、長い冬を耐え忍ぶ忍耐力もあり我慢強い。つまり、許容性と辛抱強さが備わっていると言えるのだ。

かの鈴木宗男を地元足寄《あしょろ》出身の松山千春が支援しているのはもちろんのこと、道内では幅広く支援されてきていたのも、やはり道民の心の広さだろうか。そう言えば、道産子における成功者の第一人者・北島三郎も、演歌の大御所《おおごしょ》でありながら、自分の事務所に大橋純子などまったくジャンルの異なる歌手を所属させていたこともあった。山本譲二や小金沢昇一などをヒット曲が出るまで辛抱強く面倒を見て、北山《きたやま》たけしに至っては娘までくれてやったという心の広さだ。

かつては関取をもっとも多く輩出していたのも、北海道の特徴だ。大鵬《たいほう》や北の海、ボクシングでは輪島功一などもいた。いずれも忍耐力と道産子の精神的な許容力が、逆に勝負の世界でも上手に活かされていたということだろう。

●二〇〇四年の北海道野球新時代到来は画期的だった

そんな気質だが、北海道民にとって野球は「道民のスポーツ」として今一つピンとこなかったというのが正直なところだった。ところが、そのイメージが完全に吹っ切れたのが二〇〇四年だ。北海道野球関係者にとっては画期的な年になったエポックイヤーだ。

それは一つに、不可能と言われていたプロ野球の誘致が成功したことである。日本ハム球団が東京を離れて、北海道日本ハムファイターズとして札幌を本拠地とすることになったのだ。しかも、九州男児の人気者・新庄剛志《しんじようつよし》（西日本短大附→阪神→メッツ→日本ハム）を看板選手として迎えた。このあたりも、道民の度量の広さだ。新庄が多少羽目をはずしても受け入れる大らかさも十分にあった。実際、開幕してみると、周囲のムードも徐々に盛りあがり、今や札幌ドームは、福岡ドームと並んで観客を動員できる球場となっている。

さらにはダルビッシュ有《ゆう》をメジャーへ送り出し、二〇一〇年ドラフトでは早稲田大の人気者斎藤佑樹を獲得し、札幌ドームで記者会見を行ない話題になった。そして一二年には、メジャー入りを宣言していた大谷翔平を敢然と指名して、投手と打者の「二刀流」を宣言することで、その意識を札幌へ向けさせた。

高校野球でも道民を歓喜させたのが〇四年で、駒大苫小牧の全国制覇である。これには、さすがに北海道の高校野球関係者も信じられない大殊勲と手放しで喜んだ。まさに、北海道野球新時代到来を告げる、センセーショナルな優勝だ。

その年の駒大苫小牧の強さは、決勝戦の一三対一〇というスコアにも表われているように、五試合すべてに二桁安打を放《はな》ち、大会通算打率が四割四分八厘という大会記録にも示される強力な打線である。これは、冬の間でも室内練習場で打撃力アップを目指して打ち込みによってつくりあげられた成果だった。

かつて、高校野球の優勝旗は「白河の関越え」がいつ実現するのかが大きなテーマだった。前年度準優勝の東北が、この年あたりなんとか達成してくれるのではと期待されていた。ところが白河の関どころか、一気に津軽海峡まで越えたのだから驚いた。チームの指導をした香田誉士史《こうだよしふみ》監督は道内出身者ではなく、佐賀県から来た人だった。これに対して、選手たちは全道から集まっているとはいえ、すべて道産子だった。ここにも、他県者が上手に道内の人たちに受け入れられて成功していった構図が見られた。香田監督が、新庄同様九州人だというところも非常に興味深い。

こうして、画期的な〇四年の北海道野球革命は、九州出身者が核となって実現していったのである。その背景には、よそ者を受け入れやすい北海道の広い度量が大きく作用していたことは確かだろう。駒大苫小牧は、その後も黄金時代を作り上げ、二年連続で決勝に進出して力を示した。道産子ではないが関西出身のよそ者の田中将大という大エースを輩出した。

●広すぎる土地のハンデのほうが気候のハンデよりも大きい

一方で、社会人野球では北海道勢は早くから頂点を制していた。社会人野球最大のイベントである都市対抗野球で一九七四（昭和四九）年に、大昭和製紙白老《しらおい》が初優勝。決勝戦は新日鐵八幡《しんにってつやわた》を下しての全国制覇。社会人野球では、三〇年前から地域格差はなく、北海道勢が全国で堂々と戦えることを示していた。

ただし、社会人野球の場合、選手の獲得は全国区が当たり前なのだから、北海道代表とはいえども全員が道産子ではない。準々決勝で決勝2ランを放った我喜屋優《がきやまさる》は沖縄の興《こう》南《なん》出身である。この時代から、北海道野球は南北の刺激を注入することで、より高い成果をあげていたのだ。大昭和製紙白老は、その翌年も都市対抗野球準優勝を果たし、黄金時代と言ってもいいくらいの安定した強さを誇っていた。

かつて、北海道の高校野球の話は、せいぜい北海が甲子園で一つ勝つかどうかというところだった。事実、戦前から戦後の昭和五〇年代頃まで甲子園出場はほとんどこの北海が独占していた。現実には甲子園であまり勝ち星をあげることができなかった。一九六三

(昭和三八)年春に準優勝を果たしたのみだった。南北海道では札幌商(現北海学園札幌)や函館有斗《ゆうと》(現函館大有斗)、東海大四など、北北海道では旭川龍谷《りゅうこく》、旭川大高、旭川実など旭川勢が進出したが、九五年の旭川実の健闘が光るくらいだった。

それでも、寛容な北海道民たちは全国で勝ちあがれない郷土の代表を、雪国での練習不足や寒さのハンデをあげて「仕方ないだろう」と許していた。意識が変わったのは〇二年春に二十一世紀枠で鵡川《むかわ》が選ばれて、甲子園で活躍したことだ。ローカルの道立校でも環境を整えていけば確実に全国で戦えることを、当時の佐藤茂富監督が身銭をはたいてつくりあげた室内練習場を活用することで証明してみせた。北海道は、たしかに気候の厳しさもあるのだろうが、それを克服できる環境を整えていけば必ずその成果がついてくることのあらわれである。

北海道の高校野球の場合、現実的には雪国のハンデ云々《うんぬん》よりもむしろ、遠征などの距離のハンデのほうが大きい。広すぎる土地のため、遠征試合では道内同士であっても数時間かけて移動、ということもざらである。それでも近年では、北照《ほくしょう》のように春に沖縄遠征などを組む学校も成果を上げている。ただ、多くの学校は遠征の苦労がついてまわるのもまた現実である。

青森

三沢の歴史から幾星霜、八戸《はちのへ》学院光星が外の血注入で大ブレイク

●頑固だけれども辛抱強さは全国でもトップクラスのじょっぱり魂

映画『八甲田山《はっこうだ》』(一九七七年・森谷司郎監督作品)や石川さゆりの大ヒット曲『津軽海峡冬景色』の歌詞にあるように、「耐える雪」というイメージが強い。勢い、イメージとしても暗くて、忍耐強さだけが思い浮かんでくる。自然環境の厳しさは今さら言うまでもないだろう。

津軽弁で「じょっぱり」という言葉があるが、これは意地っ張り、強情張りという意味である。言い換えれば、我慢強くて辛抱強いとも表現できる。それは、そのまま青森県人を表わした言葉でもあるのだ。つまり、頑固だけれども忍耐強いと言える。

代表的な青森県人というと、それぞれの分野で活躍している個性的な人物が思い浮かぶ。作家で詩人であり映画監督としていくつもの名作を残した寺山修司、「土俵の鬼」と言われた先々代(初代)の元横綱・若乃花。二度の心中未遂を起こしながらも自分の作品

を書き続けた作家・太宰治もそうだ。また、『俺は田舎のプレスリー』で東京進出を成功させ、『雪国』『酒よ』など自作の曲が大ヒットして確固たる地位を築いた歌手・吉幾三、相撲界ではユニークながら非常にわかりやすい解説が好評な舞の海《まいのうみ》らが挙げられる。

彼らの共通点は、いずれも一つのことにこだわりながら忍耐強く継続し続けたことであろう。舞の海などはアマ相撲（日大）からどうしてもプロ入りしたくて、審査基準の身長に満たないところを、頭にシリコンを注入してまで基準に届かせようと努力し、角界《かくかい》入りしたことで有名になった。入幕を果たしてからも、小兵力士のハンデを克服するために、さまざまな技を見出《みいだ》していき「技のデパート」とまで言われた。そのこだわりは十分に「じょっぱり」だった。

ただ、野球ということでは一九六九（昭和四四）年の夏、太田幸司（三沢→近鉄→読売→阪神）のいた三沢の活躍以降、光星学院（現八戸学院光星）と青森山田の活躍まで目立つことがなかった。

●なまり丸出しの太田幸司を擁する三沢が、みちのく野球に勇気を与えた

青森県の代表的な野球人は誰だと言われても、すぐにはあがってこない。そして、しば

らくしてから、「太田幸司がそうじゃないのかな……」と、やや自信なさそうに答えてしまう。なぜ、自信なさそうかというと、太田幸司は白系ロシアの母親を持ち、日本人離れした顔立ちだからである。

けれども、高校当時のインタビューでは口をあまり大きく開けない朴訥《ぼくとつ》な青森弁で「やっぱり、みんなのぢがらでごごまでがんばってぎだので……（みんなの力で、ここまで頑張ってきましたから）」などと答えていた。顔立ちがどうであれ、彼は紛れもない青森人なのだ。だから、松山商との決勝戦でも味方の援護がない中、延長一八回を黙々と耐え忍びながら投げきれたのである。

味方が、延長一五回、一六回と連続して絶好の機を逃し、得点が取れない。一点取ったらサヨナラ勝ちで優勝という場面で、拙攻《せっこう》と言われても致し方のない攻めでチャンスを逸《いっ》していた。それでも、我慢強い青森県人ならではの粘り強い投球を見せていたのだ。

しかも、投球はオーソドックスにストレートが中心。変化球にはあまり頼らないのも、津軽の「じょっぱり」の根性を見せつけたと言える。もっとも、後日談を聞くと「変化球にはあまり自信がなかったので、とにかく投げ続けられる限り直球を投げていた」というのが現実らしい。

それから幾星霜、二十一世紀にかけてから青森山田と八戸学院光星が新たな勢力構図を作るようになってきた。

●八戸学院光星と青森山田とのライバル関係に弘前の聖愛《せいあい》も加わる

青森山田と八戸学院光星という突出した二校の出現によって青森の野球地図は変わってきた。九九年の青森山田を手始めに、二〇〇〇年、〇一年、〇三年の八戸学院光星と、ベスト8以上に進出。どちらも、関西のボーイズリーグで実績のある選手たちが積極的に入学してきて、チーム力を底あげしたという事実は否めない。

本来は厳しい自然環境もあり、自分たちの世界を守ることに終始し、県外者、いわゆるよそ者をすんなりと受け入れられる体質ではない青森県だった。そこへ関西気質が注入され、それがいい形に作用し「粘り強いが比較的明るい」というチームカラーができあがってきた。それが甲子園でも伸び伸びとプレーすることにつながり、好結果を導いている。

ことに八戸学院光星は校名変更前の光星学院時代の二〇一一年夏から三大会連続で甲子園準優勝を果たしている。これは、やはり快挙と言っても差し支えない。選手の中心が沖縄や大阪から来ていたとしても、少なくとも八戸という土地で高校野球に励んだことだけは確かなのである。また、そういう環境をつくることができたということで、高校野球として地場に根づいたともいえる。そして現在、八戸学院光星を倒そうと努力することで、全体のレベルも上がってきているのだ。

そうした中から、一三年夏には弘前《ひろさき》学院聖愛が初出場。元々は女子校だったものだが、八戸に対抗して地場に根づいた私学として意地を示した。旧制高等学校も存在していて歴史的には文教都市ともいえる城下町の弘前に設立された学校だった。

また、大学野球では〇四年の全日本大学野球選手権では光星学院の系列校で八戸大（現八戸学院大）がベスト4に進出。同じ東北の雄、東北福祉大に迫りつつある存在となった。プロ選手も東北楽天の青山浩二（函館工→八戸大）、塩見貴洋（帝京三→八戸大）らを輩出している。

秋田

天才肌を誕生させる独自の土壌で落合博満、山田久志らを輩出

●美人も多いが米と酒も美味《うま》く、豪雪にもめげない明るさ

秋田美人という言葉があるように美人が多いという秋田県だが、米どころ、酒どころというのが一般的なイメージである。東北の日本海側で、雪の多い土地なのだが閉ざされた印象はなく、開放的である。これは、酒の消費量が全国一と言われている秋田県民が「きりたんぽ」をつつきながら、あれこれと騒ぎつつ酒を飲む陽気さがあるからに違いない。

そのためか、北国で雪の多い土地柄ながら東北のほかの県や、日本海側の各県にどうしてもついてまわる「陰」の印象はない。むしろ南国に近い印象さえ受ける。これは、雪国ではあるが比較的土地が平らで水にも恵まれ、農作物の育成に適していたことも関係するはずだ。しかも、土地が肥沃《ひよく》で稲作が主流となり「あきたこまち」などの銘柄を多く生み出し、比較的生活が豊かだった背景もあるだろう。それが、豊作だ、お祭りだということになり、雪国らしからぬ県民性を生み出していったのだ。加えて、江戸時代から秋田杉や

鉱物を船で関西方面へ運ぶことで潤《うるお》っていた要素もあったし、海流の関係で海産物にも恵まれていた。

秋田市内には川反《かわばた》通り沿いに歓楽街が集中している。人口の割には、凝縮した繁華街があるのも、秋田人の享楽的な生き方に反映されている。それに、独自に産業が栄えやすい環境なので、それが人々の余裕となって表われていることも確かである。

心が潤うから女性も肌がきれいになり、結果として美人が多いとこじつけることもできる。演歌歌手の藤《ふじ》あや子《こ》などはスラリとしていて、肌が白くて八頭身の、典型的な秋田美人だといってもいいだろう。

●典型的な秋田人気質を示して活躍したのが「オレ流」の落合博満

もちろん、それだけ自分の周囲が潤っていれば、やはりマイペース主義、自分のやり方を踏襲《とうしゅう》していくというスタイルにならざるを得ない。「オレ流」のやり方で一九八二（昭和五七）年に二八歳で三冠王を獲得。その後八五年、八六年と通算三度の三冠王に輝いた落合博満（秋田工↓東洋大中退↓東芝府中↓ロッテ↓中日↓読売↓日本ハム）こそ、その際たるものと言っていい。日本人選手として球界初の一億円プレーヤーにもなり、監督としても周囲の声を気にしない「オレ流」を続けていきながら、〇四年にリーグ優勝という結果を出した。その後、八年間中日の監督を務め、リーグ優勝四度、リーグ二位からの日本一が一度で、Bクラス転落は一度もなし。見事といっていい実績である。

落合は、高校時代は必ずしも超高校級で将来を嘱望《しょくぼう》された選手ではなかった。とくに、チームプレーが大切な野球において、自分のペース、自分のリズムを守りたがるところがあり、監督としては多少扱いにくい部分があったかもしれない。実際、大学では途中で退部し一時はプロボウラーを目指していたこともあるという。つまり、どこか個人主義的なところがあり、それがいい形で出たのがロッテにおける活躍だったのだ。

秋田県の野球人と言えばもう一人、山田久志（能代《のしろ》→富士鉄釜石＝その後新日鐵釜石→阪急）を忘れてはいけない。落合ほどではないが、「自分流」を踏襲した選手だ。華麗な下手投げは芸術品とまで言われた。七六（昭和五一）年から史上唯一の三年連続MVPやベストナイン五度選出など輝かしい記録が残っている。オールスター通算七勝という最多記録はいまだに破られていない。このあたりは、お祭り好きの秋田県人の面目躍如といったところだろう。そういえば、酒の飲み方も粘り強いという。

この二人が秋田県の代表的な野球人と言えるが、もう一人石井浩郎（秋田→早大→プリンスホテル→近鉄→読売→ロッテ→横浜）も忘れてはならないだろう。近鉄では主軸として活躍しながら、怪我でシーズンを棒に振り、球団から大幅ダウンを提示され、ひと悶《もん》着《ちゃく》の後に移籍。それでも、自分の意志を貫き通して、ロッテでは「男・石井浩郎」と人気を博した。侠気《おとこぎ》溢れた、いぶし銀のプレーは玄人ファンにウケたが、やはり「自分流」を踏襲していった秋田県人である。人気デュオだった、あみんの岡村孝子と結婚していたが離婚したのも、自分流を曲げなさすぎたからだろうか。

●県内の早慶戦ともいわれる秋高と秋商の対決

実は、秋田県の野球ではもう一つ全国に誇るべき要素がある。それは、一九一五（大正四）年に、現在の夏の高校野球の前身でもある第一回中等野球大会で秋田中（現秋田高）が準優勝していることである。当時は野球もまだ現在ほど普及していない状況であり、全国的にはレベルの差がどうだということはあまりなかったのかもしれない。しかしその後、一〇〇年近い時間が流れてきても、秋田県勢はそれに匹敵する成績はあげていない。つまり、今思えば、全国準優勝はそれだけすごいことだったのである。

これは、高校野球の歴史を語るうえでも大事な要素で、実は東北勢の決勝進出も、これ以降は六九（昭和四四）年の三沢まで五〇年近くも待つことになる。結局、秋田県の高校野球としては第一回大会の記録が最高の結果ということになってしまっている。

しかしながら、その伝統を維持し、秋田高が現在でも県のリーダーシップをとっているというのはさすがに名門校である。これは、あっぱれと評価していいだろう。その秋田高は県内では一番の進学校ということもあって、人気も高い。

名実ともに秋田高のライバルとして、戦前から競い合ってきたのが秋田商だ。ユニフォームも、校名が純白に黒字で慶應をイメージしたゴシック体で書かれている秋田に対し、秋田商は白にエンジの早稲田型文字となっている。言うならば、早稲田カラーと慶應カラーである。これは、初期の頃にそれぞれが早慶の指導を受けたことに由来しているとも言われている歴史と伝統の表れだ。

いずれにしても、この両校の対戦が秋田県の高校野球を支え続けていた。市内の中心地にある八橋《やばせ》球場では、両校どちらかにそのファンが二分されたくらいだ。こういうスタイルは、ある意味で地場としての高校野球の原点と言っていいものだ。同じような力の者同士が競い合うというのは、競技レベル向上の原則でもある。

ちなみに、現在はさらに日本海側に向かったところに「こまちスタジアム」が建てられ、メイン球場はそちらに移っていった。命名はもちろん秋田名産の米からのものだが、観客席の天井が米の形につくられている。こうした、ちょっとした遊び心が垣間見られるのも、秋田県気質ともいえそうだ。

秋田のスポーツ自慢としてはもう一つ、能代工のバスケットボールがある。能代市自体がバスケットボールの街として、全国の強豪を招いての招待試合なども多い。何度も全国一に輝いている能代工は県民の誇りでもある。

また、秋田工のラグビー部も全国に君臨してきた。これまた県民の自慢の一つでもある。野球では、「自分流」を貫く選手が目立つのだが、ほかのスポーツではよりチームワークの重んじられるもので実績をあげているところも興味深い。もっとも、個人競技でいえば東京オリンピックの日本選手団の旗手を務めた体操競技の小野喬《おのたかし》も秋田県能代市の出身だ。「小野の鉄棒か、鉄棒の小野か」とまで言われた、天才肌でもあった。

岩手

ロマンを感じる旧制中学系のバンカラと大谷翔平に代表される花巻東の新風

●地味で耐え忍ぶ県民性だが、冷静沈着なところもある

面積にして一万五千平方キロ以上もある岩手県は、北海道を除くと一番広い県となる。それだけに気候風土や生活感などは、県内でも場所によってかなりの違いが見受けられる。県の中心部は県庁所在地の盛岡《もりおか》市が存在する北上川に沿った風光明媚な地域だ。もっとも、現在は東北新幹線の開通により東京への距離もグッと近づいて、都市風景も近代化してきた。かつての「みちのく」というイメージとは程遠くなっているというのが正直な印象かもしれない。

これに対し、かつてはラグビーの日本選手権七連覇などで一世を風靡《ふうび》した新日鐵釜石のある陸中海岸方面は、交通の便がもう一つという現実は否めない。さらには、先の東日本大震災で直接津波の被害を受けて、復興へ向けて活動している。そこで示されたのが、忍耐強さと寡黙で真面目、地道に努力をいとわないという姿勢だ。

まさに宮沢賢治の「雨にも負けず、風にも負けず」という言葉は、今日でも生きているということを見事に証明してみせている。与えられた環境の中でじっと我慢して生きていく芯の強さを感じさせるものだ。これは、秋田などに比べると土地の生産性もよくなく、農作物に恵まれにくいことも関係するであろう。だから、「日照りのときは涙を流し、寒さの夏はおろおろ歩く」ようになっていきながらも、耐えて我慢して花が咲くのを待っていたのであろう。

だから、「みんなに褒められもせず、苦にもされなく」ても、そのことを嘆くものではない。決して自己アピールをするでもなく、「でくの棒」と呼ばれても冷静沈着にしていられるのだ。

こうしてみると、一見対外的には不器用で自己の世界に凝《こ》り固まっているかのような印象を受ける。しかし、総人口の割には、原敬《はらたかし》、斎藤実《さいとうまこと》、米内光政《よないみつまさ》、鈴木善幸《すずきぜんこう》と四人もの総理大臣を輩出していることにも注目したい。もっとも、いずれの総理も何となく流れゆく政局の中で無難な形で、いわゆる中継ぎ的な役割の総理であることも岩手県らしい。総理大臣にはなっていないが小沢一郎も岩手県人である。

●「二刀流」の大谷翔平が、岩手県の象徴的な存在ともいえる

かつて、岩手県出身のプロ野球選手はとくに注目スター選手が出現しているわけではなかった。ところが、花巻東の躍進が岩手県の高校野球のイメージをがらりと変えた。二〇〇九年に菊池雄星《ゆうせい》を擁して、春は準優勝、夏も背中の痛みを抱えてベストコンディションではなかったという状況にもかかわらずベスト4に進出。花巻東強しを如実に示した。

さらに、その菊池の姿を追うように、三年後には大谷翔平という選手があらわれた。甲子園大会には、一一年夏と一二年春の二回のみで、いずれも初戦敗退だったが、投手としても打者としても超高校級という評価を受けた。そして、その後のドラフト前には、直接メジャー進出を宣言して注目された。それを口説き落として日本ハムが敢然と指名、「プロで二刀流を試してみないか」という期待に応えた。そして、プロでも一年目から着実に結果を残していっている。一気にブレイクするのではなく、一つひとつ階段を上っていくように、それでいてきちんと結果を残していくのも岩手県人らしい堅実さと忍耐強さを表わしているともいえよう。

このあたりは、自己主張をしないようで、しっかりと自分自身の存在を示し、アピールするところではアピールするという岩手県人を表わしているともいえそうだ。また、徹底

してファウルを打って相手投手を嫌がらせていくというタイプの打者も、花巻東には毎年のようにいる。それぞれの個性を巧みに活かしているともいえよう。地味で我慢強いだけではなく、花巻東が甲子園で活躍していくことで、新しい風を吹かせているともいえる。

それまでは、公立の勢力が強かった岩手県の高校野球だが、私学躍進の先駆的な存在は専大北上と一関《いちのせき》商工（現一関学院）だ。九二年夏に一関商工が、九七年夏に専大北上も復活出場を果たしている。ほかには盛岡大附も躍進が著しい。

●かつて県の高校野球をリードした旧制中学を継承した名門校

ところで、かつての岩手高校野球の特徴は盛岡一に代表されるように、旧制高等学校を髣髴《ほうふつ》させるような、バンカラスタイルの応援が注目されていた。盛岡一は校歌も『軍艦行進曲』と同じ旋律である。二〇〇四年春に二十一世紀枠で選出された一関一もそうだが、代々引き継がれている学帽はボロボロのまま、腰に日本手ぬぐいをぶら下げ、硬派な応援スタイルを踏襲し続けている。

この両校のほかに県北部の福岡《ふくおか》、遠野《とおの》、花巻北などいずれもバンカラスタイルを崩しておらず、これは夏の大会の試合そのものとは別にもう一つの注目行事となっている。ここまでくれば、もはや伝統文化の域に達しているといって過言ではあるまい。このあたりの学校が登場すると、周囲はタイムスリップして、「アナクロチック」なロマンチシズムに包まれる。

これは、岩手県の高校野球のスタンドでの楽しさの一つと言ってもいいであろう。

しかし、夏は九四年の盛岡四を最後に甲子園出場は私学勢の持ち回りになってきたし、春も九六年に沿岸地区から釜石南が出場を果たしたのみだった。〇四年に一関一が二十一世紀枠で出場するまで公立勢が遠ざかっていた。そういう意味では、岩手県の伝統文化をアピールした一関一は、久々のバンカラ応援の再現で意味があったと言えよう。

また、かつて新日鐵釜石や盛岡鉄道管理局などが頑張っていた社会人野球では、現在、水沢駒形野球倶楽部が倶楽部選手権の常連として活躍している。そして、盛岡鉄道管理局が九七年からＪＲ盛岡として都市対抗出場一〇回という歴史を継承していた。

大学野球は北東北大学野球リーグで富士大（旧奥州《おうしゅう》大）が、青森大、八戸大の青森県勢の両雄に対抗する勢力として何とか頑張っている。

宮城

吉と出た楽天の誕生、一三年の日本一でさらに杜《もり》の都の野球熱は高まる

●楽天イーグルスが名実ともに仙台を大都会にさせた

誰が何と言っても東北地方一番の都市は仙台市である。二〇〇五年、その仙台にプロ野球の楽天球団が来て、いよいよ名実ともに大都会の仲間入りをしたと言ってもいいだろう。プロ野球のナイター試合が見られるというのは、野球立国日本においては大都会の条件と言ってもいいくらいだ。かつて、県営宮城球場時代に準本拠地としてロッテ球団が年間何試合かを消化していたこともあったが、やはり川崎もあって仙台もあったロッテと、仙台オンリーの楽天とでは、強い弱い以前の問題として、地元での思いが違うことだけは確かであろう。

楽天の仙台本拠地決定とともに、球場名がフルキャスト宮城スタジアムと変わり、さらには楽天ｋｏｂｏスタジアムとなり、球場そのものもすっかりイメージチェンジした。まさに、東北一の都会にふさわしい娯楽施設のスタジアムとしての佇《たたず》まいはできた。

その楽天イーグルスを迎え入れる仙台市民、宮城県民の気質はというと、やはり都会人気質を意識的に持ち合わせている。都市圏独特のプライドがあり、擬似東京的な個人主義ながら社交性を持ち合わせるなどの面が強い。これは、その昔に伊達《だて》藩が栄えていた頃からの、ダンディズム溢れる伊達政宗《まさむね》に通ずるものがあるのだろう。とはいうものの、以前から「杜の都仙台」と言われてきたように、観光地としての側面も持ち合わせており、外から来た人に対しての受け入れも優しいのである。

それだけに、都会人的気質である「新し物好き」が幸いし、ほとんどが楽天ファンとなってスタンドを埋め尽くしている。独特のクリムゾンレッドもすっかり楽天カラーとして定着してきた。そして、その楽天が二〇一三年に、創設九年目にしてリーグ制覇、さらには日本シリーズも制して日本一に輝いたのだ。

東日本大震災を乗り越えての栄光に仙台市民、宮城県人だけではなく、東北人全員が歓喜した。そして、日本中の野球ファンが「よかった」という思いになれた。「復興へ向けて勇気を貰えた」という声も多く聞かれた。それだけでも、野球が文化として担う役割を示した価値があったと言っていいであろう。

初代の田尾安志監督、さらには野村克也監督がチームの基礎を作ったが、日本一を達成した星野仙一監督含めて、外からの者を温かく迎え入れていけるという環境もまた、チームが馴染《なじ》み易かったのだろう。

こうして今や、楽天イーグルスはすっかり仙台の野球文化の色を作り上げているのだ。明らかに県民の野球意識は大きく変わったが、都会的センスとしてのアンチ巨人が増える傾向もありそうだ。

●東北福祉大の頑張りで野球意識が変わった

宮城県のというよりも、仙台の野球文化としては大学野球で一足早く東北福祉大が全国トップレベルの存在として君臨していた。このことも宮城県人の潜在的な野球意識を高く抱かせるのに役立っていたのかもしれない。

高校野球ではまだ県としての実績を残していない一九八七（昭和六二）年、すでに全日本大学選手権で準優勝し、翌年も決勝進出。九〇年にも決勝に進出した頃には、東都リーグ、六大学に続く強豪としてすっかり定着していた。地元出身者としても東北から入学した佐々木主浩《かづひろ》（東北→東北福祉大→横浜→MLB→横浜）がいて、二年下には斎藤隆《さいとうたかし》（東北→東北福祉大→横浜→MLB→楽天）がいた。佐々木はプロ入りしてからの活躍もさることながら、その行動パターンを見てみると、個人主義と、その一方ですぐれた社交性とが錯綜《さくそう》しており、まさに典型的な仙台人と言える。斎藤の場合は、それ以上に社交性が勝っていたのかもしれないし、東日本大震災の折には、メジャーにいても海外からの故郷へ対しての熱い思いをメッセージとして伝えていた。

東北福祉大は九一年に決勝戦で関西大と延長一七回を戦い、四対二で下して、ついに悲願を達成している。もちろん、選手は全国から逸材が集合していることは言うまでもない。金本知憲《ともあき》（広陵→東北福祉大→広島→阪神）、矢野輝弘《あきひろ》（桜宮→東北福祉大→中日→阪神）、和田一浩（県岐阜商→東北福祉大→西武→中日）ら主力選手の出身校もバラエティに富んでいた。全国区になっていくことで、高校野球などの指導者のネットワークも広がっている。このあたりも、仙台という土地で育《はぐく》まれた社交性がモノを言っているのかもしれない。

こうした、大学六校による仙台六大学野球リーグがあるのも、大都市としてのプライドと言っていいものであろう。東北福祉大を追う二番手として東北学院大があり、さらには仙台大が続き、かつての帝国大の東北大や東北工業大、宮城教育大という六校で形成されている。

試合会場は、東北福祉大球場がメインとなっている。この球場は大学の付随施設のグラウンドだと思っては失礼なほどで、ヘタな地方球場よりもはるかに規模も大きい。これならば幾多のプロ野球選手が輩出されても納得がいくくらいの立派な建物だ。

リーグ戦としては、東北福祉大の連覇を阻止するところが出てきて、さらに次のステップをあがっていくことになるのだろう。一四年春は初めて、プレーオフによる優勝決定戦が行なわれるなど、力も均衡してきた。あくまで仙台六大学野球として競い合っていくことが、仙台市と宮城県人の都会としてのプライドと言ってもいいだろう。

また、社会人野球としては震災から復興した日本製紙石巻も健闘しているのは、県内の野球関係者にとっては心強いことだろう。

●東北か仙台育英で、全国制覇を夢見る宮城県民

もちろん、高校野球でも宮城県人の精神的な余裕とプライドは表われているといえよう。象徴的な二強として東北と仙台育英がある。

仙台育英が八九年夏と〇一年春と二度甲子園で決勝に進出している。県内ではその絶対的なライバルでもある東北も〇三年夏に決勝進出を果たした。甲子園での全国制覇にも手

が届きかかっている、というよりも時間の問題と言えるところまできているのだ。とくに東北の場合はダルビッシュ投手（東北→日本ハム→MLB）や真鍋賢守（東北→東北福祉大→Honda）、采尾浩二《うねおこうじ》（東北→九州国際大）といった万全の投手陣に横田崇幸（東北→東海大）らプロ注目の選手を何人も揃《そろ》えて、圧倒的な力と言われた。それでも全国制覇にあと一歩届かず、翌年もベスト8で無念の敗退を喫《きっ》している。

高校野球での全国制覇は宮城県の野球ファンの夢であり、願いである。圧倒的な強さを誇る二校の壁は他校にとっては厚いが、〇五年春には二十一世紀枠で一迫《いちはさま》商が選出され、初戦では修徳を下した。二回戦で大敗したが、存在は示した。さらには〇九年春にはやはり二十一世紀枠で代表になった利府《りふ》がベスト4に進出。気を吐いた。そして、震災からの復興の期待を込めて一三年春には石巻工が代表に選出された。

こうして二十一世紀枠で三度代表を送り出しているのも宮城県ならではともいえようか。

●もう一つの文化として「杜の都の早慶戦」の仙台一と二の対決

宮城県の最大の都市である仙台市には、「杜の都の早慶戦」と言われている野球行事がある。市内の優秀な中学生の人気を二分するといっていい進学校でもある、仙台一と仙台二の野球部対抗戦がそれだ。この両校は旧制中学時代からのライバル校でもあり、毎年五月に対抗戦が行なわれるのだが、全国にいくつかある高校野球の定期戦の中でも一番盛りあがっている試合と言っても差し支えない。

応援スタイルも、クラシックなバンカラスタイルを重んじており、これも東北地区の学校の特徴的なものである。それだけに、その代表格の宮城県としてはやはりそのスタイルを踏襲しているところに意義がある。仙台の野球好きにとっては、仙台育英と東北の対決とはまた別の意味で大事にしている野球文化とも言えよう。

こうした文化を育んだのは、かつて旧学制時代には第二高等学校があり、独自の自由と自治を学生が守ってきたということが根底にあろう。その、二校に多くの学生を輩出していたのが仙台一中と二中であり、そうした歴史的背景を継承してきているからこその、対抗戦と言ってもいいであろう。

仙台市民も、この対抗戦で新緑の春五月を感じるようになるのである。市民の中にも野球文化が根づいているのだ。

山形

羽黒と酒田南が新たな息吹を呼び日大山形が地元を継承

●将棋の「歩」のごとき忍耐力、辛抱強さで「と金」をねらう

山形県人と言えば、「おしん」に代表されるように我慢強さ、辛抱強さが強調される。全国でも有数の豪雪地帯であり、いやでも閉鎖的にならざるを得ない。さくらんぼの名産地ではあるが、それ以外はとくに際立った農産物や産業もあるわけではない。生活も文字どおり清貧を求めるというものになるのだが、これはズバリ米沢藩主の上杉鷹山《うえすぎようざん》が藩の財政立て直しのために打ち出した政策でもあった。

その生活スタイルが、そのまま山形県民のイメージにもなっている。派手なことを好まず、私心を棄てて生真面目に物事に取り組んでいく姿勢である。天童《てんどう》市は将棋の駒の生産で知られているが、将棋の駒にたとえるとすればまさに「歩」の精神であり、地道に努力を重ねて、やがて「と金《きん》」で活躍するという図式なのである。

地理的にも野球にとっては決して恵まれた環境とは言い難い。当然のことながら、高校

野球でも弱小県であった。今でも語り草になっているのは、一九八五（昭和六〇）年夏の甲子園で、山形代表の東海大山形とＰＬ学園との試合である。当時のＰＬ学園は桑田真澄、清原和博らが最終学年を迎えて、史上最強チームとも言われており、当然優勝候補の筆頭だった。その初戦の相手ということも運が悪かった。出場二度目の東海大山形だったが、力の差は歴然。初回に二点を失うと、二回にも五点を失い、この段階で七対〇となる。以降、ＰＬ学園に得点「〇」のイニングが一つもないまま、八回までに二九点を奪われた。被安打三二本で、四球は七つ、ほとんど打たれまくっての記録的大敗だ。

このことが、後日、県議会でも話題となった。さすがに、忍耐強く実務に勤勉で派手なことを好まない山形県人としても、これだけ派手にやられるとこたえたに違いない。

●酒田南、羽黒が築いた野球留学で着実に勢力アップ

県議会で議員が頭を寄せ合って話をしたところで野球が強くなるわけがない。結果としては、野球どころの関西からいい指導者を招いてはどうかということになり、日本生命で監督経験もあり、ＮＨＫの中継でも解説をしていた佐竹政孝をアドバイザーとして招聘《しょうへい》することが決まった。

そして、関西からの刺激を導入するということはその後の県内の野球展開に大きな変化を与えることになる。六一（昭和三六）年に創立していた酒田南が、学校と同宗派で大阪の強豪校である上宮《うえのみや》に指導者の派遣を相談して、九六年に上宮OBで中央大で首位打者に輝いた実績もある西原忠善監督に就任を要請した。そして、翌年早々に甲子園初出場を実現すると、その二年後も甲子園に出場した。もっとも、選手そのものの供給も関西のボーイズリーグ出身者が多く、「外人部隊」という批判も受けた。しかし、酒田南が敵役になることで、地元出身者の集まった学校も刺激を受けたのは事実だった。

これに対して、地力強化を絶対条件としていた酒田南も翌年リベンジ。県内組と留学組との対決図式にもなって、県内の高校野球に活気が出てきた。他県出身者を受け入れて強化していくシステムを導入した羽黒が台頭してきたのもこの頃からである。関西出身者が主流だった酒田南に対して、神奈川、千葉などの関東出身者が多い。

以降、酒田南と羽黒が完全にライバル関係となり、関西と関東の代理対決風にもなり、羽黒はさらにブラジルからも積極的に留学生を招いて、駆け足で強化していった。

●日大山形が一三年夏4強、新しい山形県の野球を模索中

羽黒は〇三年夏に甲子園初出場を果たし、ブラジルからの留学生などの力もあり、〇四年秋季東北地区大会を圧倒的な強さで制して選抜初出場を勝ち取る。秋の明治神宮大会で関東・東京のファンにまずそのパワーと存在感を知らしめる。自己アピールをしない山形県人の少ない山形代表だけに、そのアピール力も強烈だった。翌春の甲子園では、安定した試合運びでベスト4進出。「強い山形」を全国にみせつけた。もっとも、前年にも東海大山形が県勢としては初のベスト8入りを果たしており、外からの刺激によって、確実に山形の野球は向上したことを証明した。

さらに、こうした状況に温厚にして忍耐強い山形県人は、ここでも辛抱を努力に変えて、県全体が徐々にではあるがステップアップしていった。もともと県内出身者がほとんどだった日大山形が九八年夏に復活している。県内では歴史もあり、リーダー格として圧倒的な人気に支えられているのだが、〇六、〇七年夏には連続出場、ベスト8にも進出している。そして、一三年夏にはベスト4に進出して、いよいよ悲願の決勝進出も見えてきた。やはり、日大山形の躍進を喜ぶ声が地元でももっとも多い。

福島

原発事故乗り越え新たな強い意識が芽生えてきた準首都圏の東北の玄関口

●東北の玄関口だが、その位置づけが難しい

先の東日本大震災によって発生した東京電力の原子力発電所の事故。そのあおりを直接受けているのが、福島県の浜通り地区でもある。それでも人々は、福島県に対する強い愛情と郷土意識を持って、故郷の復興に向かっている。そんな福島県民は、地理的には東北の玄関口ということになるが、意識としては準首都圏という位置づけに近い。

もっとも、福島県は厳密には三地区に分けられ、茨城県の延長のような位置づけになる太平洋に面した浜通り地区は常磐線や常磐道で一本ということもあり、より都会的イメージは強い。女優の秋吉久美子や日本女子プロゴルフ協会の会長を務める小林浩美はかつての磐城《いわき》女子（現在の磐城桜が丘）出身である。

また、県内でもっとも栄えている郡山《こおりやま》市から福島市へ向かい、新幹線も中心を貫いているのが中通り地区。福島県のメインと言っていいが、人当たりもよく情に厚い面と、頑

なさとが混在している。人当たりのいい代表的な存在としては中畑清（安積商《あさか》＝現安積帝京→駒大→読売→横浜DeNA《ディー・エヌ・エー》監督）がいる。

それら二地区に対して、喜多方《きたかた》から会津若松へ向かっていくと内陸部になる。会津と言えば白虎隊を思い出す人も少なくないだろうが、観光としてはその白虎隊の悲劇を今も謳《うた》う鶴《つる》が城こと会津若松城があり、この存在は県民の誇りでもある。会津地区はより東北的というかイメージとしてはやや内にこもって、ひたすら何かに耐えているような印象を与える。映画『けんかえれじい』（一九六五年日活・鈴木清順《せいじゅん》監督作品）で、主人公の南部《なんぶ》麒六《きろく》（高橋英樹）が会津へ引っ越してきて、「会津さ来たら、正規の会津弁使えや」と言われるように、自分たちの文化に対する誇りと、頑なさは強い。NHK大河ドラマの主人公にもなった新島八重《にいじまやえ》の出身地でもある。

こうしてみると、一口に東北の玄関口と言っても、福島県民はそれぞれの立ち位置で存在しているということがわかる。会津藩の砲術師範の娘として育った八重は、会津戦争では砲術で奮戦している。その後、京都へ移り同志社大学の創設者・新島襄《じょう》と結婚するが、〝ハンサムウーマン〟を標榜した会津女である。

●聖光学院が県内高校野球で独走態勢に入り、「栄冠は君に輝く」で送り出す

福島県の野球というと、かつては学法石川の高校野球が思い浮かべられたが、現在では聖光学院のほぼ独走態勢と言ってもいい状態になっている。

元々は工業系の私立校として創立したが、九九年に福島高から仙台大へ進んだ斎藤智也監督が就任して一気に強化されていった。二年後の〇一年に初出場を果たして、この時は初戦で大敗するが、それをバネにさらに強化されていった。

全国でも勝てるチーム作りを目指して、〇四年夏には二度目の出場を果たすと、鳥取商、市立和歌山商を下した。その翌年夏も連続出場を果たして佐賀商を倒した。そして、〇七年に春夏連続出場を果たして以降、夏は一三年夏まで連続出場を継続中だ。その間にベスト8進出も二度あり、春もその間に三度出場している。

いよいよ全国制覇への期待もますます高まっている。その期待を表わすかのように、新幹線の福島駅の発車音は「栄冠は君に輝く」だ。福島商出身の古関裕而《こせきゆうじ》作曲でもある「栄冠は君に輝く」で送り出された聖光学院が本当に、栄冠を手にして戻って来てくれることを期待している県民も多い。

●初代二十一世紀枠代表の安積が東北勢の公立校の存在感を示す

野球史としては東北地区でも福島県は比較的古い。これは、東北六県の中では割合に温暖な地区があるからだ。学法石川のある石川郡は県南部で中通り地区になるのだが、学校創設は一八九一（明治二四）年の石川義塾までさかのぼり、野球部も一九〇九（明治四二）年の石川中時代に創部されている。県内でも七一（昭和四六）年に全国準優勝の実績がある磐城と並ぶ、古い歴史を持つ野球部だ。地元では親しみを込めて「学石（ガクセキ）」と呼ばれている学法石川だが、応援スタンドで奏でられる陰旋律の応援歌はとても歴史ある学校ということを感じさせるものだ。

その学石以上に歴史があり、県内で人気もあるのが安積である。〇一年の第七三回選抜高校野球大会から設けられた二十一世紀枠代表として最初に選ばれ、甲子園初出場を果たした。このことは、安積高関係者ばかりではなく、福島県の高校野球関係者にとってもビッグニュースとなった。

それは、ただ単に二十一世紀枠として県内の高校が選ばれたということだけではなく、県内一の歴史と伝統のある安積が甲子園への道をもう少しのところで何度も阻《はば》まれた過去があるからだ。ひたむきな安積の野球が周囲に評価された喜びであろう。

地元では「安校（アンコウ）」と呼ばれ、親しまれている。主な卒業生も豪華で、古くは明治の文豪・高山樗牛《たかやまちょぎゅう》や大正時代の作家で野球部に所属していた久米正雄に、初代京大総長となった新城新蔵《しんじょうしんぞう》、エール大学名誉教授となった歴史学者・朝河貫一《あさかわかんいち》などがあげられる。当時の福島県知事・佐藤栄佐久《さとうえいさく》も卒業生の一人として素直に歓喜していた。

県内の野球部の創部記録としても安積が一番古く、一八九〇（明治二三）年には「ベースボール會」として発足している。質実剛健の校風は、応援団にも活かされており、岩手や宮城の旧制中学系の学校がそうであるように、バンカラ気質の応援は定評がある。

夏の炎天下でもボロの学生服と制帽を身にまとい腰に日本手ぬぐいをぶら下げて、ハダシに朴歯《ほおば》の下駄というクラシックなスタイルは県内の名物だ。このスタイルを崩さないのも、東北人らしい頑なさのあらわれと言える。内陸部の伝統校・会津の応援スタイルが同じようなのは当然だ。今やこのスタイルの応援が見られるのは、岩手県や宮城県の旧制中学の流れを汲む東北地方の伝統校だけだ。それを思うとやはり、福島県は東北としての位置づけが確認できる。

いずれにしても、福島県が記念すべき二十一世紀枠という新しい代表の選出方法の最初の該当県となったことは大きかった。しかもそれが県内一の歴史を誇る質実剛健の安積であったということに大きな意義があったのだ。

二十一世紀枠としてはその後に、いわき海星も選出された。また、公立勢では白河や須《す》賀川《かがわ》、郡山、安達《あだち》などが健闘している。

私学勢では南東北大学野球でリードしている東日本国際大の系列校でもある東日本国際大昌平《しょうへい》が二番手として、日大東北や学法石川とともに聖光学院の壁に挑んで、「栄冠は君に輝く」ことを目指している。

第二章

関東・東京編

群馬

上手に操縦されつつ、実は自分の思いを実現するカカア天下野球

●世界遺産の富岡《とみおか》製糸場はじめ、カカア天下に支えられてきた

先に世界遺産として登録された富岡製糸場に代表されるように、群馬県は明治以降の殖産興業の発達により、製糸工場など女子の仕事場が多い。女性が一生懸命に働くことで男性的（家庭内でも夫のような）意識を持つようになっていたという歴史がある。そんなところから、「赤城《あかぎ》おろしの空っ風」と「カカア天下」という言葉が群馬の特徴とも言われるようになったのかもしれない。

独特の空っ風はさておいて、カカア天下というと女房が夫を尻に敷いているという図をイメージしがちだが、実際はそうではない。むしろ、女房が家庭を支えながらよく働くことである。つまり、経済的にも家庭運営的にも女房主導型ということだ。それが「しっかりしている」という意味も含めて「カカア天下」となるのだろう。

女性が一生懸命に働いてくれると、元来怠《なま》け者である男は享楽の道へ走りたくなる。群

馬県の各市に比較的公営ギャンブルが多いのも、享楽に走りたくなる男の勝負欲、ギャンブル欲が刺激されてくるからかもしれない。

ギャンブルが発達すると、当然のことながら周囲に歓楽街ができ、娯楽が発達していく。群馬県の男性は、家庭は女房がきっちりと守ってくれるし、それでいて男を立ててくれるので、外ではカッコつけて遊ぶことができる。それが、傍《そば》から見ていると気っ風の良さや侠気のようにも映るのだ。国定忠治《くにさだちゅうじ》の大親分も、案外そんなところだったのかもしれない。つまり、女房の手のひらの中で上手に遊ばされているのだが、それを知ってか知らずか、男は粋《いき》がっているのである。その結果として男は自分のやりたいことができるということにつながる。そういう意味では、実は群馬県は男天国なのではないだろうか。

中曽根康弘《なかそねやすひろ》、福田赳夫《ふくだたけお》と昭和の大物総理大臣を立て続けに輩出しているのも、群馬女性の「男を上手に立てる」気質が影響していると想像できる。男が自分の思いを遂げるには、実はある程度家庭内で操縦されていることが必要なのだ。

●外様《とざま》ながら群馬県的な形でまとめて結果を出した前橋育英

群馬県の歴史を見ると野球では、高崎勢や前橋勢以上に桐生《きりゅう》勢がリードしていた。かつては桐生、現在では桐生一がいずれも県内の核として高校野球をリードしてきた。桐生は地元では「桐高（キリタカ）」と呼ばれているのだが、一九五〇年代から六〇年代には重鎮・稲川東一郎《いながわとういちろう》監督がチームを率い、豪快な群馬野球の形をつくりあげた。

平成になってからは桐生一がにわかに台頭してきて、九九年に正田樹《しょうだいつき》（桐生一→日本ハム→阪神→台湾球界など→ヤクルト）で悲願の全国制覇を達成して県内では完全に突出した存在となっていった。翌年も一場靖弘（桐生一→明大→楽天→ヤクルト）を擁して甲子園に全員で優勝旗を返却した。この桐生一の前身は桐生裁縫専門女学館で、その後桐ヶ《きりが》丘《おか》高等女学校から桐ヶ丘を経て、現在に至っている。男女共学となり野球部を創部、現校名になって一気に強化されていった。近年流行の、〝女子校→共学化→野球部強化〟という図式の先駆けと言ってもいいだろう。前身が裁縫学校というのも、いかにも養蚕《ようさん》の街らしい。

桐生市には桐生一同様、前身が裁縫女学校で共学化、野球部創設という同じ流れを経ている樹徳《じゅとく》もある。九一年、九二年に甲子園に出場しているが、その時の主将でもあった井《い》達誠《だてまこと》監督が就任して、復活を目指している。ほかにも、桐生市商が〇二年に甲子園出場。人口十二万人前後の地方都市に、野球強化校がひしめいているのだ。

一方、前橋市では前橋工と前橋が主導権を握っていた。前橋は七八（昭和五三）年春の松本稔投手が甲子園で史上初の完全試合を達成している。決して本格派ではない軟投派の快挙に甲子園は沸いた。前橋工は、市内に県内一とも言われるグラウンドを再整備して復活を目指す。

そんな伝統校に対して、一気に台頭したのが前橋育英で一三年夏に初出場初優勝。神奈川県出身の荒井直樹監督が率いたが、寮監を奥さんが務めて長男が主将という家族的な形で全国を制した。寮母としての監督夫人がカカア天下を発揮して、きっちりと群馬県民らしい形でまとめ上げたといってもいいであろう。

その前橋育英に対してのライバル的存在が高崎健康福祉大高崎だ。元々は群馬女子短期大附属という女子校だったが、系列校の四年制大学への昇格と共学化に伴って、校名変更。地元では健大高崎という呼称も定着してきた。

創部一〇年目の一一年夏に悲願の初出場を果たすと、翌春の選抜大会も出場して一気にベスト4に進出。思い切った走塁を前面に打ち出した野球で、「機動破壊」という言葉とともに一躍全国的な注目校にまで成長した。群馬野球の新たな存在となっている。

●社会経済の高崎市と文化芸術の前橋市の対比も面白い

群馬県の県庁所在地は前橋市だが、経済的には高崎市がリードしている形だ。上越新幹線が走っており、東京まで一時間足らずで行くことができるので、意識としては首都圏である。事実、高崎市内から東京都内へ通勤している人もいるくらいだ。駅周辺も整然としており、少し離れた郊外都市という感じと、地場発展都市という二つの顔を巧みに融合した感じだ。そんな都市環境は、勢い東京化してくるのは否めない。

両毛線《りょうもう》で少し入ると前橋市になり、駅周辺も落ち着いた感じでしっとりとした地方都市の佇まいになっている。県が主導権を握って映画を制作したり、オーケストラが有名になるというように、文化意識も非常に高い。

高崎市と前橋市のそれぞれに独自の街としての味わいがあり、いずれにしても群馬県の文化や経済、教育も含めて、この両市が中心となって支えているのは当然である。そして、野球でも前述の前橋育英と健大高崎のように、両市の各校が競い合っている構図が面白い。

公立勢でも高崎商と前橋商、前橋工と高崎工が競い合い、県を代表する進学校同士の前橋高と高崎高も「前高（マエタカ）」と「高高（タカタカ）」と対比しながら、文武に競い合っている。ちなみに、経済界や政治家などに多くの人材を輩出しているのが高崎で、映画監督の小栗康平《おぐりこうへい》など文化芸術面の人材を多く輩出しているのが前橋だ。中利夫《なかとしお》（中日）、宮田征典《みやたゆきのり》（読売）らのプロ野球選手を輩出しているのが前橋だということも何となく頷《うなず》ける。

●上武大《じょうぶ》も大学野球の地方時代化のリーダーとして全国を制した

近年、大学野球は地方リーグの時代とも言われている。北関東にも関甲《かんこう》新《しん》学生野球連盟がある。九三年春から発足しているが、その初期には太田市の関東学園大が名実ともにリーダーとなってリーグをリードしていた。その基礎をつくりあげた大島義晴監督が、その後新設された平成国際大（埼玉県加須《かぞ》市）に移ってチームを強化し、リーグも確立していった。

当初の関東学園大の独走から他校の底あげでリーグ戦らしくなってきた関甲新学生野球連盟には、新たなリーダーとして上武大が登場する。群馬県を中心に北関東出身の選手が多く、まさに地場の地方大学としての役割を十分に果たしている。伊勢崎《いせざき》市の利根川の川べりに人工芝が敷き詰められた見事なグラウンドが設置されており、リーグ戦のメイン会場にもなっている。

大学野球地方時代の担い手として、新たな拠点となりつつある。それは全国レベルでも十分に発揮されており、〇九年秋の明治神宮大会では準優勝を果たし、一三年の全日本選手権ではついに悲願の大学日本一を達成した。こうして、関甲新学生野球連盟の存在そのものを広く全国に示すことになった。

ちなみに、関甲新学生野球連盟とは、関東と山梨の関甲に新潟も加わった新しいリーグという意味を兼ねて「新」とつけたという。人材輩出という点も含めて、今後の学生野球の注目地区でもある。

社会人野球では、「スバル」ブランドを持つ太田市の富士重工が根強く地域からも支持を得ている。

栃木

宇都宮餃子と怪物伝説をつくりあげる土壌こそ独自の地場文化

●東武鉄道で浅草に一直線だが、首都圏なのか否かが判別不能

東京から栃木県は遠いようで近い。浅草から東武鉄道特急スペーシアに乗れば、日光には一本でたどり着く。ただし、県庁所在地である宇都宮市に行くには途中で乗り換えなくてはいけない。つまり、意識の中では首都圏なのだが、現実にはかなりの不便さを感じさせることもある。

もっとも、新幹線を使えば一時間前後で行くことができるので、場合によっては新幹線通勤も可能と言えば可能である。栃木県民の意識としても、首都圏であるという一方で、やはり田舎だという意識が共存している。北関東は東京から見た場合、位置づけとして非常に中途半端に感じられる。もちろん、住民自身も「都会だけどやっぱり田舎」という考えを持っているであろう。このあたりの意識は、群馬県とも共通していると言っていい。

しかしながら、群馬県は明治維新以来地場産業としての製糸工業が発展し、結果として

「カカア天下文化」を成立させ、男子としては非常に住み心地の良い土地となっているのに対して、栃木県の場合はそこまでのインパクトはない。同じような自然環境で、海のない県ということでも同じではあるが、土地も群馬ほど肥沃《ひよく》ではなく、農作物もイチゴの「とちおとめ」以外はこれといったものが見あたらない。つまり、群馬県人ほど余裕がないのが正直なところだろう。

これといった産業がなく、名物もなかった土地だけに、何か特徴を示さなくてはいけないという意識になったのだろうか。結果として「宇都宮餃子」が登場することになる。一説には餃子に入れるニラの生産量が多く、このあたりが「宇都宮餃子」のベースになっているようだ。

とは言うものの、餃子にしたところで、雑誌などに積極的に取りあげられてから多くの人に知られるようになったものである。伝統産業なのかというと、必ずしもそうではない。その本家の座を今、浜松市と競い合う関係にもなっている。

そういう意味では、「特徴のないのが特徴」のような栃木県ともいえる。それが、栃木県人のコンプレックスであるとともに、レーゾンデートル（存在意義）でもあるかのような印象だ。

首都圏であって首都圏ではない。高崎市や前橋市、桐生市のような独自の文化を形成している都市もない。このあたりが中途半端な存在と言われる所以《ゆえん》だ。

だから、勢い栃木県人は、「おっとりとおとなしくて控えめ、口下手でもありぶっきらぼうな印象のため初対面では損をする」と評される。

●輝く史上初の春夏連覇と江川で二度輝きを見せた作新学院

あまり特徴がない栃木県だが、高校野球では歴史的に大きなことをしでかしている。しかも、記録と記憶に残る出来事というものだ。その両方の一大事実をつくったのがいずれも作新学院というところに、栃木県内でのこの高校の位置づけを理解することができるだろう。

作新学院の最初のエポックは、一九六二（昭和三七）年のことである。過去、高校野球の歴史の中で、どんな強豪と言われたところでも、春の選抜と夏の選手権を続けて制覇した学校はなかった。春の優勝校は夏には優勝できないというのが、ジンクスのようになってしまっていたのだ。ことに、五七（昭和三二）年に王貞治投手の早稲田実が、六一（昭和三六）年には史上最強と言われた柴田勲投手の法政二が、春に圧倒的な強さで優勝を果たしながらも夏の決勝を前に敗退するに当たって、春夏連覇は高校野球で達成できないものという認識すら出てきたくらいである。

ところが、法政二が春夏連覇を逃した翌年、エース八木沢荘六《やぎさわそうろく》（作新学院→早大→東京・ロッテ）を擁する作新学院がスイスイと勝ちあがり、春の甲子園で優勝。夏にも期待がかかってきたところで、八木沢が赤痢《せきり》にかかって欠場。作新学院としてはまさかの「主戦投手のいない夏の甲子園」となった。しかし、控えの存在だった加藤斌《かとうたけし》が彗星《すいせい》のようにあらわれて夏の甲子園を戦いきった。エースが欠場してまさかと思われた作新学院が、ついに高校野球史上初の快挙を達成したのである。

特徴のなさを特徴とする栃木県人にとって、高校野球の歴史に輝く快挙を果たしたのは歓喜だった。しかも、そのチームの最大の特徴であったエースの存在を欠いたことが、選手の奮起への引き金となっていたとすれば、まさに特徴のなさこそ特徴である栃木県人の最大の特徴を示した春夏連覇達成と言ってもいいであろう。

その快挙から一一年後、再び作新学院はスポーツマスコミの中心となる。それが、怪物・江川卓《すぐる》の登場だ。

江川は父親の仕事の関係もあって中学時代に静岡から転校してきたのだが、プロ野球の入団に際しての、問題となった空白の一日の記者会見などは完全に栃木県人だった。ここでは、空白の一日問題についての言及は避けるが、地元の有力政治家が関係していて、地場と切っても切れない影響力があったことだけは確かであろう。

その江川は、一年生のときから怪物と言われながらも、自分が死球で倒れたり、延長までノーヒットノーランを継続しながら、四球で出した走者を最終的にはスクイズで還されてサヨナラ負けするなど、大事な局面で一点に泣いてきた。二年の秋の関東大会ではさすがにそれでも力でねじ伏せて優勝し、翌年やっと甲子園に出場する。

七三（昭和四八）年の春、初めて江川が甲子園に姿をあらわした。開幕初戦で大会入場行進曲の『虹をわたって』の余韻さめやらぬ中、とてつもない剛速球は間違いなく甲子園ファンの目を釘付けにした。まさに、「虹の向こうに」とんでもない怪物がいたのだ。しかし、江川は一回戦で一九個、二回戦では七回で一〇個、準々決勝では二一個の三振を奪いながらも準決勝で広島商の機動力に屈して、わずか二安打で敗退することになる。

夏も、満を持して登場したものの、一回戦は延長で柳川商（現柳川）に辛勝し、二回戦で雨の中、延長一二回痛恨の押し出しで甲子園を去ることになる。まさに、「虹をわたって」きたヒーローは、皮肉にも雨中の甲子園で虹を見ずして姿を消していったのである。

その後の記者会見でも、涙を見せるでもなければ、感無量の思いを示すでもなく、ただただ淡々と語っていた。それは、江川のスタイルであり栃木県人のそれであったのだ。

●新たな野球文化を示すところが台頭してくるのか?

いずれにしても、栃木県の野球は作新学院なしに語ることはできない。そして、作新と言えば江川であり、春夏連覇なのだ。はからずも、〇五年の関東大会で作新学院が三二年ぶりに優勝を果たした。翌日のスポーツ新聞には、「江川以来の作新学院関東優勝」の文字が躍っていた。スポーツマスコミには、今でも間違いなく江川伝説は残っている。

その後、作新学院は着実に復活を示し、一一年夏にベスト4、一二年夏にもベスト8。二〇〇〇年先発出場時の小針崇宏《こばりたかひろ》監督が筑波大を経て就任し、新たな伝説を築きそうな雰囲気を漂わせている。また、軟式野球部も強豪で、夏の選手権大会優勝8回は全国一の実績として、これまた誇るべきものといっていい。

作新学院は系列の中学も加えてカウントすると全校生徒で七〇〇〇人近い大マンモス校だ。地元有力政治家関連の学校法人という背景もあり、まさに数の論理は選挙的な発想だ。人数が多ければ、その中には怪物もいれば、凡人もいる。頭数の多いことが大勢を決めていくのだ。

保守的で付き合いづらいと言われる栃木県人だが、それだけに「同じ出身」という共通項を求める意味で人数が多いということは意味がある。宇都宮市内には、かつては宇都宮学園と呼ばれた文星《ぶんせい》芸術大附属がある。当初は違和感のあった校名変更だったが〇六、〇七年と連続出場して「文星」の名称が定着してきた。

他の勢力としては栃木市の國學院栃木、佐野市の佐野日大、足利市の白鷗《はくおう》大足利などがそれぞれ恵まれた施設を擁し、存在感を示している。

その一方で公立勢としては小山、宇都宮南などのこぢんまりとした感じの野球がメインとなっている。名門・宇都宮工や宇都宮商もそんな感じで、いささか特徴が見出しにくく、いかにも「栃木県的な学校」に落ち着いている。

「北関東の暴れん坊」的なところの出現を期待する人たちも多い。

茨城

〝常総学院＝木内幸男前監督〟のイメージが強いが新風も吹く

●茨城県人の気質を象徴するような「三ぽい」性格

茨城県人の気質を称する代表的な言葉として「水戸の三ぽい」というものがある。具体的には「骨っぽい、理屈っぽい、飽きっぽい」ということだ。骨っぽさの象徴としては桜田門外《さくらだもん》の変を起こした水戸藩の浪士が挙げられる。また、『仁義なき戦い』シリーズなどの東映実録アクション映画で圧倒的な世界をつくりあげ、本物よりも怖いとまで言われた実録映画を量産した深作欣二《ふかさくきんじ》こそ、まさに「骨っぽい」の代表である。

「理屈っぽい」の代表と言えば、かつては西鉄、国鉄の強打者としてならし、『週刊ベースボール』のコラム「オレが許さん！」などで、球界に問題提起して、誌上議論を展開している豊田泰光《とよだやすみつ》（水戸商→西鉄→国鉄・サンケイ・アトムズ）がいる。野球理論では卓越していた石井連藏《れんぞう》（水戸一→早大）や、戦前では朝日新聞の野球記事などで七五調の名文で選手を叱咤激励していた「学生野球の父」飛田穂州《とびたすいしゅう》（水戸中→早大）もいる。

そして「飽きっぽい」と言えば、かつて水戸の怪童と言われ十分な素質に恵まれながらも、あっさりと現役を引退したデーブ大久保こと大久保博元《ひろもと》（水戸商→西武→読売）や阪神から鳴り物入りでメジャー進出しながら、こっそりとオリックスに戻ってきていた井川《いがわ》慶《けい》が挙げられる。もっとも、飽きっぽいというのは気分転換も早いという良い面もある。事実、読売時代の大久保はほとんどそれでシーズンを乗りきっていたと言っても過言ではなかった。

いずれにしても、茨城県の文化をこの「三ぽい」性格が支えてきた。その一方で義理人情に厚く、正義感が強いという側面もある。これなどは、まさに水戸光圀《みつくに》の時代からのものである。

ただし、茨城県は比較的南北に長く、土浦から南の県南地区は、意識として首都圏のようなところがあり、都会人気質が多い。だから、積極的に茨城なまりを直そうとしている。牛久《うしく》や取手《とりで》あたりは完全に通勤圏であり、始発電車で通勤できる強みからか、むしろ我孫子《あびこ》や柏の千葉県人よりも余裕を見せる。

文化的には県中央部の水戸市中心付近こそ、典型的な茨城文化である。茨城県のイメージイコール水戸と言ってもいい。納豆にしても、偕楽園の梅にしても水戸の産物だ。

さらに県北部の日立やひたちなかは、日立製作所の企業城下町となっている。その一方で港町でもあり、大洗《おおあらい》海岸のアンコウ料理などが自慢だ。東日本大震災の影響も受けたが、地場の意識はより強い。言葉としてはなまりも強く、高齢者の会話などは、ほとんど理解不能なくらいだ。これに、鹿島アントラーズのある都市として知られることになった鹿嶋市も、かつては住友金属の企業城下町として栄えた。

茨城県の重工業はこれら企業がベースで成り立っている。

●ニュー首都圏ともいえる取手市や牛久市が県民意識を変える

県の産業をリードするのは当然水戸市であろうが、経済的にはやはり首都圏に近い県南地区となる。とくに、土浦市を含めて、ニュー首都圏の住民たちが県民意識を変えていく可能性もある。首都圏からマイホームを求めて引っ越してきた人たちによってニュータウンが形成されてきて、竜ケ崎市や牛久市などは確実に都会人意識が強くなっている。だから、住所を表記するときにあえて「茨城県」を書かない人たちも多い。

県南地区の都会的センスと茨城県の地場との融合は高校野球でも見られる。その典型的な例が木内幸男監督の率いた常総学院だった。

二〇〇三年夏に全国制覇を置き土産にして勇退しながらも、復帰したあたりは茨城県人っぽい飽きやすさと気まぐれさを表わしている。いわゆる木内節と言われたとぼけたマスコミ対応は意図的ともいうくらいだ。茨城弁のやや詰まったようなしゃべり方を見せることで、相手には隙《すき》があるような印象を与えておきながら、その実、計算されたセンスのよさを見せつける。しかも選手個々のポテンシャルが高く、それだけのことができるのである。「木内マジックって言いますけどね、突飛なことはやってないんですよ。バントだってやれるヤツにしか、サインは出してないですから」

こういうしたたかさや、計算高さが共存しているのだ。

取手二時代を含めて、春一回夏二回の全国制覇、二度の準優勝は間違いなく木内監督が茨城の高校野球の質をあげ、意識を変えていったことだけは確かである。

この田舎的都会センスが、今後も茨城の野球の根底になっていくのではないかという感じがする。現在は、取手二時代の教え子でもある佐々木力《ちから》監督が継承している。

●茨城県高校野球は指導者群の三本のラインが明快

常総学院躍進までの茨城県の高校野球は、水戸商と竜ヶ崎一が中心である。戦前は水戸中（現水戸一）も健闘していたが、全国に姿をあらわすのは水戸商と竜ヶ崎一だった。しかし、全国レベルでは決して高い位置ではなかった。

戦後になって、これに取手一や土浦日大が加わってくるものの、頂点を極めるには至らなかった。それでも、多くの指導者を輩出していったのは、理屈っぽい部分が、指導理論となり、相手に伝えていく姿勢につながったということであろうか。

だから、現在も指導者のラインとしては竜ヶ崎一の流れをくむものが一つ、水戸商の流れが一つ、そして木内監督の流れが一つで、その三本が茨城県の高校野球指導者の方針をもほぼ位置づけるくらいでもある。それを揺るがしてはいけないのも、独特の理屈っぽさが根底にあるともいえそうだ。

そもそもこの理屈っぽさの根拠としては、江戸時代に二代目藩主の光圀が朱子学を勉強し、独自の政治理論として「水戸学」を生み出したことによるとも言われている。さらには、これを幕末になって藩主の斉昭《なりあき》が推奨したことで、水戸の人たちが朱子学的議論を好むようになり、理屈っぽさに拍車をかけていった。

理屈と反骨精神の両方が茨城県人の特徴であるとすれば、その両面が活きたのが、八四（昭和五九）年夏の取手二だ。理屈っぽさでは常総学院へ移る前の木内監督がおり、独自の理論を展開。これを吉田剛《たかし》主将（取手二→近鉄→阪神）が理解し、自らも理屈っぽくなりながらも、反骨精神の多い選手たちを刺激していった。その反骨精神がもっとも強かったのがエースの石田文樹《ふみき》（取手二→早大中退→日本石油→大洋・横浜）だった。それが巧みに融合して全国制覇にたどり着いたのである。ただ、残念ながら、エース石田は飽きっぽいという部分も兼ね備えており、プロではもう一つ成功しなかった。

その後、取手二は低迷し、今や全国制覇の面影もなくなってしまったのは残念だ。せっかくの伝統と「取手」という地名を全国に知らしめたのに、この諦めの早さは、ニュー首都圏の特徴なのかもしれない。

●社会人野球を支えてきた老舗の二チームが健在

前述のように日立製作所と住友金属という二つの社会人野球を支えてきた企業が県内に存在するということで、社会人野球は県民の間でも定着している。住友金属は和歌山市と鹿嶋市の住友金属鹿島との二つが存在していたが、和歌山を休部して鹿嶋の方に吸収する形となった。さらに、企業統合で一三年からは新日鐵住金鹿島というチーム名となりながらも、チームは継続。都市対抗でもベスト4進出三度という実績を引き継いでいる。

また、日立市の日立製作所は完全な企業城下町のチームで、創立一九一七（大正六）年という老舗《しにせ》だ。ホームでもある会瀬《おおせ》球場はスケジュールさえ合えば、日立一など地元の高校にも提供しており、まさに地場に根差して野球文化を育てているという意識がある。

企業チームの統廃合が続く社会人野球だが、茨城県の中でこうした二強が存続していることは、県内野球関係者の誇りでもある。さらには、クラブチーム的要素が強いがJR水戸もチームがあり、クラブとしては全鹿島野球倶楽部、Ｔｓｕｋｕｂａ Ｃｌｕｂなども健闘している。

これに、タレントの欽ちゃんこと萩本欽一が社会人野球への参入を宣言して話題になった茨城ゴールデンゴールズも、その本拠地を茨城県桜川《さくらがわ》村の球場に定めて活動を継続している。競馬で有名な美浦《みほ》のトレーニングセンターに近い、牧歌的な場所でもある。大学野球では、もう一つ盛り上がりを欠く茨城県だが、それを取り返す以上に社会人野球に対する熱いものがあるのも特徴だ。

千葉

長嶋、谷沢、篠塚、掛布ら、天才打者を輩出してきた歴史

●「千葉都民」が主流となって県政を支える

千葉県は千葉市を境として大きく分かれている。千葉市以西は意識としては完全に東京である。いわゆる「千葉都民」とも言われる人たちで、多くが東京へ通勤する家庭である。マイホームや緑を求めて、多少通勤には時間がかかっても、家庭を大事にしようという考え方の人も多い。だから、その分やさしさもあり、社交性も高いと言える。

これに対し、四街道《よつかいどう》市を越えたあたりからは、完全に地場完結のローカル都市の意識となっていく。地場での産業も多く、房総半島の先のほうから外房《そとぼう》へ向かうと、海に囲まれた南国的雰囲気も味わえる。その中心地である館山《たてやま》あたりは観光都市という印象が強いくらいだ。さらに、九十九里《くじゅうくり》方面へ向かうと、サーファーや海の男が多い印象が強いが、湘南に比べるともう一つ垢《あか》抜けしていない庶民感覚がまた親しみを誘う。さらに、銚子《ちょうし》まで行くと漁師町独特のノリもあるし、皆気っ風がいい。

つまり、全体的な印象として協調性も強く楽天的で、人当たりのいい県民性と言えよう。そんな千葉県人の誇りは、ギリギリで千葉県に属している浦安市《うらやす》の東京ディズニーリゾートを有することである。「東京」とついていながら実は千葉県にあることも、千葉県民のプライドをくすぐる部分だろうか。

余談になるが、実は寅《とら》さんで有名な『男はつらいよ』シリーズの舞台として、東京の葛《かつ》飾柴又《しかしばまた》に並んで浦安市も有力候補にあがっていた。山田洋次監督も何度もシナリオハンティングに訪れている。最終的には寅のふるさとにはならなかったが、『男はつらいよ・望郷編』（シリーズ第五作）で浦安が舞台となったのは、そんな背景もあった。

つまり、千葉県には東京下町に似通った空気があるのも確かなのだ。市川市や船橋市は非常に都会的な匂いもするが、ちょっと路地に入ったところに位置するスナックや飲み屋はかなり庶民的だ。いささかアンダーな風俗産業が栄えているのも、そんな庶民感覚と、下世話な空気が安住しやすくさせてくれるのかもしれない。

●本質は素朴で楽天的な長嶋茂雄タイプが多い

千葉県の野球人と言えば、何を差し置いてもまず長嶋茂雄（佐倉《さくら》→立教大→読売）である。これは巨人ファンであるなしにかかわらず、万人の認めるところであろう。周知のように、典型的な楽天主義で、かつきわめてシンプル。だから、相手にもわかりやすいのだが、それ以上に天性の動物的勘があったから、スーパースターとして存在していったのであろう。多くの野球選手が、どうしたら打てるのかと悩んでいるのだが、長嶋の場合、「そうですね、来た球を一番打ちやすいところでバッと捉えて、あとはスーッとフォロースルーしていくだけでいいですね」というセリフに集約され、凡人には理解できない。

これを理解していたのが、同じく天才の篠塚利夫《としお》（現和典《かずのり》。銚子商→読売）だった。天才は天才を理解すると言われるが、千葉県人同士で、その直感がより深い理解を示したのかもしれない。

篠塚とほぼ同じ頃に、県内では掛布雅之《まさゆき》（習志野→阪神）がいた。「左打者のミートの天才」としては実は掛布のほうが少し早かったのである。ただし、高校時代の知名度では篠塚が勝っていた。掛布も、現在のテレビなどでの解説を聞いていると、基本的には楽天主義で、選手を褒《ほ》めることからはじめていく人の良さが感じられる。

掛布の先輩としては谷沢健一（習志野→早大→中日）がいる。これまた天才的なミートセンスの持ち主で、中距離ヒッターとしては隙のない選手である。谷沢の場合、それまで順風満帆の野球人生を送りながら、途中、アキレス腱を切断する大怪我をする。が、一九八〇（昭和五五）年には二度目の首位打者を獲得して復活を遂げる忍耐強さもある。日本酒を擦り込みながら回復を目指したという話も有名だ。

その根底には「トレーニングを続けていけば何とかなる」という楽天的な考え方もあったようだ。以前、「メジャーにスター選手が流出しすぎて、日本のプロ野球が不安になりませんか」というようなことを聞いて見た際にも、「いや、大丈夫でしょう。そのうち誰か、スターが出てきますから」という答えだった。千葉県人的な楽天性を示してくれた。

この千葉県人の天才打者の系譜で言えば高橋由伸《よしのぶ》（桐蔭《とういん》学園→慶大→読売）もそうだ。高校は神奈川県だが、これは慶大進学を前提として意図的に行なったものであり、少年野球から千葉ポニーというチームでプレーしている生粋《きっすい》の千葉県人である。

●千葉ロッテの応援スタイルが幕張《まくはり》新文化をつくる

千葉県人が誇りに思っているのが、東京ディズニーリゾートであり、もう一つ自慢しているものがプロ野球チームを保有していることである。プロ球団があることが主要県の一つのステイタスというのであれば、千葉ロッテマリーンズの存在は大きい。

幕張メッセができたとき、一部マスコミや経済誌までが、これからはビジネスの中枢は千葉に移行するのではないかというような勢いで持ちあげていた。ところが、現実には海浜《かいひん》幕張駅周辺は高いビルが乱立してはいるものの、その街並みに匹敵するだけの人がいるのかというと、必ずしもそうではない。

その後お台場《だいば》が再開発され、幕張メッセ中心に行なわれるはずだったイベントなどの多くが、お台場に持っていかれたこともあった。しかし、それ以前に京葉《けいよう》線の不便さも幕張の発展を抑制してしまった。都心から出かけるときも、お台場やさいたま新都心《しんとしん》のほうがビジネス感覚でスムーズに行けるという利点がある。

本来は仕事帰りのビジネスマンを集客することをもくろんでいたのが千葉ロッテなのだろうが、現実にはわざわざ野球の応援に来る人でスタンドが埋まるようになった。野球観戦はおまけくらいに思ってビールを飲みに来るビジネスマンよりも、「オラがチームとしての千葉ロッテ」を応援したいという熱い思いの人が集まり、結果としてまるでサッカーのサポーターのような今日の応援のスタイルを生み出して、これが幕張新文化として定着してきている。千葉ロッテファンはコアで、千葉県出身の福浦和也《ふくうらかずや》や、唐川侑己《からかわゆうき》らに対して「頑張れ！　習志野高校」、「抑えろよ！　成田高校」などという声も聞かれる。

今や、千葉ロッテ側の外野スタンドは独自の世界を形成しているのも特徴だ。従来のプロ野球の応援スタイルとは異なるもので、その善し悪しについての私的な意見はここでは述べないが、その応援スタイルを「巨人ファン」が真似たくらいだ。少なくともプロ野球の応援スタイルを文化として捉えた場合、確実に存在価値があったと言えるだろう。

●高校野球では千葉を制する者が全国を制した時代もあった

ここまで、千葉県で名前をあげてきた選手の共通項としてはもう一つ、移籍が少ないことである。結果として、最初に入団したチームに居続けている。偶然ではあろうが、このあたりも天才的な嗅覚《きゅうかく》によって自分と相性のいい球団に入団するのだろうか。

谷沢、掛布、福浦といずれも習志野で篠塚は銚子商である。この両校は実は千葉県の全盛期を支えてきた名門でもある。習志野は六七（昭和四二）年に二度目の出場で全国制覇、そのときの石井好博投手が監督となって七五（昭和五〇）年にも全国制覇を果たす。その前年には土屋正勝投手（銚子商→中日→ロッテ）を擁する銚子商が他校を圧倒した。県大会から甲子園決勝戦までの戦いで、失点は一回戦のPL学園で失った一点のみというのもすごいが、試合そのものも安定しており、力でねじ伏せるわけではないが、とにかく強さだけが際だった。そのとき、二年で三番を打っていた三塁手が篠塚である。

銚子商の千葉大会決勝の相手は市立銚子で銚子ダービーとしても賑わった。市立銚子には石毛宏典《いしげひろみち》（市立銚子→駒大→プリンスホテル→西武→ダイエー）がいた。石毛はオリックスの監督も務めたが、四国独立リーグ（IBLJ）の運営のためにも東奔西走した。手探り状態からも、「やっていれば何とかなるだろう」という千葉県人的楽天主義もあったのかもしれない。

銚子商は六五（昭和四〇）年夏にも木樽正明《きたるまさあき》投手（銚子商→ロッテ）で準優勝を果たしているが、このときも最強チームという評価だった。いずれにしても、この一〇年間前後の千葉県勢は圧倒的な強さを誇っており、その主流となっていたのが習志野と銚子商だった。

習志野は、東京のベッドタウンでもあり、首都圏という位置づけがぴったりと当てはまる地域である。折しも、習志野が全盛期を誇った頃は住民が都心から流れはじめていた時期でもあり、習志野も都会的なセンスを持ち合わせたチームという印象が強く、「千葉県かっこいいな」という印象を与えるに十分だった。

これに対して、銚子商は漁師町であり、やや荒っぽく、当時はスタンドに大漁旗がなびいて武骨なオヤジたちがスタンドを盛りあげていた。

この時代は「千葉県を制するものが全国を制す」とも言われていたくらいに県全体のレベルが高かった。その後は、千葉以南の木更津《きさらづ》市にある拓大紅陵《たくだいこうりょう》が台頭し、近年は木更津総合が充実感を示している。

高校野球としては、ベッドタウン化の進行と人口増加によって、有力選手が各地に散らばり、毎年三〇校前後に優勝のチャンスがあるという横一線状態が続いている。

このあたりも、一様に中庸であり続ける千葉県の特徴なのかもしれない。それを打破するのは天才選手の出現なのだろうが、千葉県の場合は天才「打者」の系譜なので、一人の存在で群雄割拠から抜け出すのはいささか難しいかもしれない。

●地元還元主義で千葉野球はもっと盛りあがるはずだ

千葉ロッテの誕生は千葉県民にとっては野球意識を大きく変えたといっていい。それまでは、長嶋茂雄や篠塚を輩出していることもあって、首都圏でも巨人ファンの多い土地柄だった。それが、ロッテの川崎から千葉への移動によって、自分たちのチームへの愛情を注《そそ》ぐ姿勢ができてきたことも確かである。それが、結果として前述のように独自の応援をつくり出したということにもつながっている。

千葉県はJリーグは、柏レイソルとジェフユナイテッド市原・千葉の二チームがあり、これは埼玉、東京、神奈川、静岡、大阪に並ぶものである。サッカーの全国的な強豪校の市立船橋があり、当然と言えば当然のことなのだが、やはり印象としては野球のほうが強いのは、それだけ千葉県民に野球文化が根づいているとも言えるのである。

千葉県の選手の地元還元する供給源の一つとして、千葉県大学野球リーグもある。勝浦市にある国際武道大の独走状態が続いていたが、我孫子市の中央学院大や東京農大系列の東京情報大、東金市《とうがねし》にある城西《じょうさい》国際大などの活躍でリーグが盛りあがっている。

また、社会人野球としてもかつては、電電関東、川崎製鉄千葉、新日鐵君津《きみつ》が3強として存在していた。電電関東はやがてNTTとなり、さらには東京のNTT東日本に吸収されていったが、川崎製鉄千葉は企業母体が合併などで変化していきながらも現在JFE東日本として存続している。新日鐵君津も、その後は一時的には市民球団かずさマジックという形で〇三年、一〇年には都市対抗本大会にも進出していたが、一三年からは新日鐵住金かずさマジックと再び企業チームとしての体制となって、地元還元の受け皿としてはより充実してきたともいえよう。

埼玉

サッカー人気に押されてはいない、高校野球のスタンドは大いに熱い

●さいたま新都心の誕生で、より準東京化が進む

都会とローカルさとが融合しているという点では、千葉県と埼玉県はお互いが意識し合うくらいによく似ている。新幹線が通っているだけ埼玉が勝っているという意見もある。もちろん、その発言者は埼玉県民である。

かつての文教都市として知的レベルの高さを誇示していた浦和市と、新幹線の駅ができたことで都市としてのステータスを築いた大宮市（及び与野市）との合併により、さいたま市となった。その流れで、ＪＲ大宮駅と浦和駅との中間にさいたま新都心駅ができて、人工都市の匂いがする街が開かれていった。

浦和駅周辺に感じられる昔ながらの佇まいと、さいたま新都心の無機質なまでの人工都市的要素の両面が今の埼玉県を象徴する要素ともいえようか。ただ、さいたま新都心の出現で、人が浦和から大宮方面へ北上していく流れができ、かつては都心へ都心へと流れて

いった経済的流出を阻止している事実は大きい。

その一方で、この人工都市の誕生により、首都意識が増長されていったことは間違いないだろう。それに対して、上尾《あげお》を越えると、そこから一気に意識がローカル化してくるのもまた、埼玉現象の一つである。このあたりは、千葉駅を越えてローカル色の強まる千葉県にも似ている。

交通網や近年の急激な街の発展によって埼玉県は人口そのものも急激に増加してきた。他県出身者が多くなってきていることにより、当然ではあるが意識も変化してきている。だから、県民性というものがあるようでないというのが正直なところだろう。

それでもあえて定義づけるとすれば、「個人の意識の高さ」ということになるのかもしれない。それは、裏を返せば他人に対して無関心ということであり、そのあたりは犯罪検挙率が低いということにもつながっている。つまり、「隣は何をする人ぞ」みたいな意識が強く、他人の生活に対しての興味が薄い。どうやら埼玉県人は自分がしっかりと確立していればいいというのが前提としてあるようだ。

そんなつかみどころのなさが埼玉県人の特徴となるが、ただ、一つだけ断言できるのは、都会人の意識として絶対に千葉県人には負けたくないという気持ちが強いことだろうか。

●浦和レッズか？　大宮アルディージャか？　サッカー都市さいたま

埼玉県の特徴的なスポーツというと、野球ではなく、サッカーになるのは歴史的な背景からしてもいたし方がない。というのも、かつて浦和市が日本のサッカーの中枢的な人材を多く輩出していくことにより、サッカータウンとしての位置づけを強くしていったからである。また、指導者がしっかり根づいたということに伴って高校サッカーも全国トップレベルを築き、浦和南、浦和市立（現市立浦和）に武南《ぶなん》、近年では浦和東が毎年のように県の上位を支配している。日本代表にも多くの人材を送り出していることで、ますますサッカー県というイメージは強くなっている。

Jリーグも県内に浦和レッズと大宮アルディージャという有力な二チームが存在して、サッカー県としての面目を保っている。実は、ライバル千葉県は以前から二チームを保有しており、サッカー立県を自負する埼玉県としてはやや気持ちに引け目を感じていたところだけに、「さいたまダービー」が成立するだけでも、納得できることとなった。

かくのごとく、埼玉県のスポーツの話題はサッカーが優先してしまうのは仕方ない。また、総合スポーツ校と言ってもいい存在で埼玉栄《さかえ》や花咲徳栄《はなさきとくはる》があり、駅伝をはじめ、相撲やウエイトリフティング、レスリング、女子野球、ボクシングといった競技も強い。

埼玉県の高校スポーツの構図を見ると、埼玉栄と花咲徳栄の佐藤栄《さとえ》学園グループのほかにもホッケーで皆野《みなの》や飯能《はんのう》南、バレーボールでは男子で深谷《ふかや》、女子で細田学園、ラグビーでは熊谷《くまがや》工が基礎を築き、その後、正智《しょうち》深谷につないで、現在は深谷が中心になっているという構図もある。ほかにも、日本代表前監督の宇津木妙子《うつぎたえこ》を輩出したソフトボールの星野（旧星野女子）といったように、各ジャンルで全国トップレベルの学校があるのも特徴となっている。

そんな埼玉県の高校スポーツ状況にあって、高校野球はどうかというと意外なことに夏の大会での全国優勝がない。春も一九六八（昭和四三）年に大宮工が一度達成しているだけだった。

何とか「埼玉の高校野球が甲子園で勝てるように……」と、いう声は多く聞かれていた。九三年に春は大宮東、夏に春日部共栄が決勝進出して以来久しく決勝進出校もなかった。

ことにチーム力としては毎年、非常に高いレベルでまとまっている浦和学院が、大会前の評価の高さの割に甲子園では脆《もろ》かったということも埼玉県勢は勝てないという印象を強くしていた。

●浦和学院の全国制覇で新たな風が吹いてくるのか

毎年のようにプロ野球に進むような人材を輩出している浦和学院。素材力の高さは県内一であることは間違いない。それだけに、浦和学院に関しては代表になるだけでは許されないところがある。むしろ、県内では勝って当然、負けたら「何をやっているんだ」と言われかねない。それが彼らにとって余計なプレッシャーにつながり、そこで普通にプレーしていくことの難しさにつながっている。

こうして、浦和学院は甲子園で結果を残すことを求められる。そうでなくては県民が納得しなくなってきていた。そのくせ、県大会ではいつも標的にされて、判官贔屓《はんがんびいき》のスタンドは浦和学院が先制でもされようものなら大喜びとなる。県大会では浦和学院の苦戦を喜ぶのだが、いざ甲子園へ出場してみると、今度は勝たないと容赦しない。それが、浦和学院の甲子園での苦戦に大きな影響を与えているとさえ思われた。

そのイメージを打破する要素の一つとして、創部以来のユニフォームを思い切ってピンストライプの日本代表型に変更した。それが功を奏したのか、一二年は春ベスト8、夏も二勝して三回戦へ進出した。そして、連続出場となった一三年春、ついに悲願の全国制覇を果たした。ニュー浦学が一気に駆け上がっていくとともに、やはり浦和学院は強いチームだということを全国に印象づけた。

浦和学院以外の埼玉県勢の甲子園は九八年には西埼玉大会からまったくノーマークだった滑川《なめがわ》が久保田《くぼた》智《さとし》（滑川→常磐大→阪神）の「捕手をやって投手をやって」の孤軍奮闘により二勝。二〇〇三年春には花咲徳栄が東洋大姫路と延長一五回引き分け再試合の挙句、翌日の試合も再び延長戦という死闘を演じている。結果としては敗退してしまうのだが、花咲徳栄は確実に全国に「はなさきとくはる」という名を知らしめた。

同年の夏には聖望《せいぼう》学園が甲子園に出場し、ベスト8に進出する。その聖望学園は〇八年春には浦和学院より一足先に決勝進出。埼玉県の代表校は力があるということを証明していた。他には、北部で本庄《ほんじょう》一も気を吐いている。

●盛りあがるスタンドの原点は男子校健在にあり

埼玉県では浦和や川越など公立普通科の名門校のいくつかは男子校である。これは、旧制中学時代の名残《なごり》でもあり、名門の誇りでもある。県立の旧制中学の系列校が男子校を継続している県は全国でもほとんどなく、群馬県と栃木県の一部くらいだ。

対抗するように県立女子校がある。今後の行政の教育機関の動きでどうなるのかはわからないが、以前に一時、浦和、川越、春日部などの男子校を共学化していこうという動きがあった。しかし、それを女子校を中心にして生徒たちの側から阻止して振り出しに戻したという歴史もある。これは、行政側の人間よりも現場の当事者である高校生のほうが、よっぽど自分たちの学校の良さと意義、特色を知っているということである。

埼玉大会では、男子校のスタンドも一つの見所になっている。とくに、松山《まつやま》や春日部、川越、浦和などの応援席は「バンカラ&モダン」の巧みな融合で、六大学スタイルを踏襲した形に加えて、男子校らしい武骨さが見る者を楽しませてくれる。こんなスタンドを目にすると、また新たな高校野球の魅力を発見したような気持ちにもなれる。

埼玉県の高校野球のスタンドは賑やかで、各校とも応援団の動員が多いのも特徴だ。前述の旧制中学系のバンカラスタイルに対して、浦和学院を筆頭に春日部共栄、埼玉栄、花咲徳栄、聖望学園といったところは女子リーダーやチアガールを擁し、華やかな応援スタイルを披露してくれる。大規模校が多いこともあるだろうが、埼玉大会は神奈川大会に並んで、全国でも観客動員数が多いのではないかと思う。

応援席の独自の雰囲気は地場の地方都市という印象が強いのだが、東京のベッドタウンで大都会化した県のイメージとはやや異なるところに面白さがある。坂戸《さかど》西やかつての川越商の市立川越など県西部地区も、独自の盛り上がりを見せている。坂戸西は、「日本一の体育祭を目指す」という意識の強い学校で、少なくとも現場では体育の意味と意義を尊重していることが伝わってくる。

その先には、大学野球や社会人野球があるのだが、大学野球では花咲徳栄や埼玉栄の系列校の平成国際大が躍進している。社会人野球は名門日本通運《にっぽんつううん》とＨｏｎｄａ（旧本田技《ほんだぎ》研《けん》）が双璧となっている。Ｈｏｎｄａは〇九年には都市対抗を制して、地元狭山《さやま》市だけではなく、全県挙げてその栄誉を称《たた》えていた。

また、プロ野球として千葉より一足先に、所沢の西武ライオンズが定着している。名称も「埼玉西武」となり、より地元色を打ち出している。

神奈川

高校野球の最激戦区は人材の宝庫で、高校から社会人まで強豪ひしめきあう

●横浜市に象徴される、都会的でハイセンスな空気

都会的でハイセンスな街というイメージの強さは横浜市が日本で一番である。事実、再開発された「みなとみらい21」から関内《かんない》にかけての横浜埠頭《ふとう》、さらに港の見える丘公園へ向かっての一帯は、現在でもカップルの人気スポットである。

そもそも、神奈川県は鎖国の日本にあって、ペリーが来航し日本でもいち早く海外へ向けて開かれた港という歴史があり、それがエキゾチックな要素をかもし出している最大の要素であろう。そんな意識があるから、もちろん流行には敏感で、かつて、いしだあゆみの大ヒット曲『ブルーライトヨコハマ』に歌われている「あなたの好きなタバコの香りヨコハマ」というくだりのタバコとは、当時横浜市内だけで先行発売されていた銘柄の「キャビン」であるという説も信憑《しんぴょう》性がある。

横浜港の存在感からか、県民性としても当然、外の文化に対して門戸《もんこ》を開いて受け入れ

やすい態勢にある。積極的に新しい文化を取り入れてみて、それが良ければ自分たちのものとしていくという柔軟性だ。その消化力の高さと好奇心の強さは、やはりインテリジェンスの高さを窺《うかが》わせるものともいえよう。

だから、東京に対してのコンプレックスもない。というよりも、神奈川県人は横浜を誇りとしている向きもある。つまり、「東京ほどコセコセしていなくて、もっと余裕があるから横浜にいるんだよ」という思いが強い。これは、横浜市だけのことではなく、現在では労働者の街からすっかりイメージチェンジして、ハイソな住宅街という印象が強くなった川崎市や、新宿から一本で行き来できる相模原市の住民にも、そのプライドはある。

千葉県や埼玉県の擬似東京地区にありがちな東京に対する劣等意識はない。相模原市が七〇万人を超える人口になっているのも、住民たちの高い意識が「住みやすい、いい場所」という印象を流布《るふ》させ、都内から移り住んでくる人も多いからであろう。

相模原市は横浜市・川崎市に続いて二〇一〇年に政令指定都市となり、神奈川県は全国唯一の政令指定都市三市を持つ県となった。こういった現象を、住民側も温かく手を広げて迎え入れる傾向がある。こうして、より住みやすい神奈川県が誕生してくるのだ。

●日本初の野球試合も横浜から発信されている歴史の担い手

新しいものを積極的に受けて入れていくという姿勢は当然スポーツにも表われている。文献によると、横浜外国人チームと日本で最初に野球の対外試合を行なったのは、現在の横浜商の前身で横浜商法学校だ。一八八二（明治一五）年に横浜商法学校として設立されているが、六年後に横浜商業となり、やがて市立に移管された。横浜市民の学校ということで、今日まで圧倒的な支持を受け、校章から「Y校」と呼ばれて親しまれている。また、ユニフォームのマリンブルーは、横浜港の海を表わしている。校舎も上から見ると「Y」型に建てられているところもオシャレなモダンさがある。

Y校の日本初の対外試合以来、横浜市にとって、さらには神奈川県にとって野球は県内のメインスポーツであり続けている。プライドの高い神奈川県民にとって、野球の弱い神奈川は許せないのだ。だから、県内の学校は積極的に野球強化に乗り出して、何度も全国の頂点に立ち、神奈川県は高校野球では常にトップレベルを維持しているのである。

神奈川県の高校野球で最初の頂点は、戦後すぐの一九四九（昭和二四）年の湘南で迎える。もっとも当時はまだ戦後の復興時期であり、比較的復興の早かった神奈川県勢がチームづくりもしやすかったということもあった。それが本格的な強さとなっていったのは、五七（昭和三二）年に法政二が準優勝を果たし、その三年後に柴田勲（法政二→読売）が二年生エースで全国制覇を果たした頃だ。この当時の法政二の強さは圧倒的で、全国で敵なしと言われ、翌春も優勝。史上初の春夏連覇達成かと思われたが、準決勝で尾崎行雄（浪商《なみ》→東映）の浪商に敗れてしまった。ただし、その結果で全国最強の評価が変わるものではなかった。

その一〇年後に今度は原貢《はらみつぐ》監督率いる東海大相模が、翌年も新興勢力と言われた桐蔭学園が連続優勝。七三（昭和四八）年春には横浜が、怪物江川出現で沸く甲子園を制した。さらに、八〇（昭和五五）年夏に横浜が愛甲猛《あいこうたけし》投手（横浜→ロッテ→中日）で全国制覇。このあたりから、神奈川代表の全国制覇は一〇年周期と言われるようになる。

こうして、着実に頂点を極めていく神奈川県代表は、チームそのものも都会的なカラーで、オシャレ感も十分。高校野球としてはかなり大人びた印象を与えるチームとして毎回甲子園に登場する。これは、原辰徳《たつのり》（東海大相模→東海大→読売）や津末英明《つすえひであき》（東海大相模→東海大→日本ハム→読売）のいた東海大相模、愛甲の横浜、さらには宮城弘明《みやぎひろあき》（横浜商→ヤクルト→韓国球界）や三浦将明（横浜商→中日）のY校、高木大成《たいせい》（桐蔭学園→慶大→西武）、高橋由伸（桐蔭学園→慶大→読売）の桐蔭学園と、スポーツマスコミでも大きく取りあげられるようなスター選手が毎年のように出現することも影響している。

高校生にしてスターの風格を醸し出した選手は、県大会の段階から満員のスタンドで試合をし、大勢に見られることによって自然に自覚が芽生えていく。これが神奈川県の高校野球強豪校のプレースタイルとなっていったのだ。

●圧倒的素材力の横浜をはじめ、ライバル校が林立

一〇年周期の全国優勝で、神奈川県の高校野球はますます充実ぶりを増していく。全国から質の高い選手が、全国制覇を夢見てその門を叩くようになっていた。当然、プレーもすぐれているが精神力も高く、高校生でありながら大人の意識が強い。

その最たる存在としては横浜である。愛甲で全国制覇を果たして以降、全国に横浜強しのイメージは定着していた。鈴木尚典《たかのり》（横浜→横浜）、高橋光信《みつのぶ》（横浜→国際武道大→中日）、斉藤宜之《たかゆき》（横浜→読売）、多村仁《たむらひとし》（横浜→横浜）、阿部真宏（横浜→法大→近鉄→オリックス）ら、毎年のようにプロ入りする選手が誕生している。彼らが高校時代からある程度は見る人たちを意識したプレーをしていたのは、県大会ですら夏の準決勝、決勝になれば横浜スタジアムがほぼ満員になるような環境で試合をしていたからである。また、そ

こを耐えきれなければ、激戦の神奈川県では絶対に勝ちあがることができないのだ。

横浜に代表される神奈川県の選手たちの大人びたプレースタイル、カッコいいプレーはこうして自然に身につけられていくものでもあった。その最高峰と語り伝えられるのが、記憶に新しいところで松坂大輔（横浜→西武→MLB）らのいた九八年の横浜である。まず、現在の高校野球において、攻守でつくりあげられる範囲の最高のものをつくりあげたと言っても過言ではない。それは、ただ単に春夏連覇したという事実だけではなく、その過程において、選手の素材の確かさのうえに練習の質の高さを上乗せするという足し算を重ねていったことで完成させた、名将・渡辺元智《わたなべもとのり》監督と小倉清一郎《おぐらきよいちろう》部長の一つの最高傑作でもあるからだ。

横浜はその後も、成瀬善久《なるせよしひさ》（横浜→ロッテ）、涌井秀章《わくいひであき》（横浜→西武→ロッテ）、石川雄洋《いしかわたけひろ》（横浜→横浜・DeNA）、筒香嘉智《つつごうよしとも》（横浜→DeNA）などの好素材を輩出していく。

ただし、横浜の場合は選手が必ずしも県民性に合致していかないのは、県内出身者の選手が少ないというケースが多いからである。とくに、栃木県出身の成瀬、千葉県の涌井、和歌山県の筒香などプロ入りするような超有力選手はそのパターンが否めない。

とはいえ、モダンなセンスを根底にしたプライドの高さと、場合によっては高飛車で意識過剰ではないかと思わせるくらいのプレーは神奈川県人の意識に通じるのである。

意識の高さと大人びた雰囲気という点では、二〇〇五年春に四五年ぶりの甲子園復活でベスト8に進出して話題となった慶應義塾も双璧だ。頭髪も丸刈りではなく、スポーツ刈りやもう少し長めの選手もいるし、見た目だけでも雰囲気が違う。それだけではなく、ランニングスローやジャンピングスローといった派手なプレーをシートノックの段階から平然と見せる。さらには、チームにもアナリストが役割として存在しているなど、トータルで意識の高さを感じざるを得ない。

慶應という日本で一番人気のある私学のブランドが神奈川県に存在していることも、神奈川県民の高いプライドをくすぐるには十分なのだ。近年は、慶應のすぐ近くで同じ日吉《ひよし》の日大高も強化され、人工芝のグラウンドで、やはりセンスのよさを窺わせている。

さらには、桐蔭学園に対する存在として桐光《とうこう》学園があり、同じように文武で競い合うというスタイルがある。桐光学園は一二年夏に2年生ながら松井裕樹（楽天）が、大会記録となる一試合二二奪三振の記録を達成。神奈川の高校野球にまた一つ誇りをつくった。

横浜と東海大相模がプロへの輩出の素材比べをしているといったように、高いレベルでお互いが意識せざるを得ない関係が多いのも特色だ。中堅どころでは、甲子園へあと一歩、お互いが切磋琢磨《せっさたくま》しながらどちらが先に甲子園に届くかという争いをくり広げる横浜隼人《はやと》と横浜創学館《そうがくかん》も、甲子園出場は横浜隼人が〇九年に達成したが、プロ入り選手の輩出では横浜創学館がリードしている。これもまた、見逃せないライバル関係だ。

新勢力としても、過去二度、夏の神奈川大会決勝進出の実績がある向上《こうじょう》が虎視眈々と狙っている。それに負けじと立花《たちばな》学園や伝統の武相《ぶそう》、法政二に大学系列校として横浜商大高もいる。

公立では中学野球の指導者として実績を挙げていた佐相眞澄《さそうますみ》監督が赴任した川崎北や県相模原なども力をつけている。その川崎北を引き継いだ同世代の西野幸雄監督がつくりあげた、前任校の神奈川工も健闘している。百合丘と桜丘の「ユリとサクラ」の争いも面白い。伝統校として、横浜商と神奈川商工もライバル校同士の定期戦を組むなどしている。

●少年野球から高校、大学、社会人、プロまで満遍なく充実

ライバル関係がお互いのレベルをあげていくことは、すべてのジャンルにおいて言えるだろう。高校野球で高いレベルでのライバルの構図は、そのまま社会人野球にも継承されていった。かつて、社会人野球では都市対抗に川崎市・横浜市代表枠というのがあり、横

浜市は日本石油（新日本石油ＥＮＥＯＳ→ＪＸ－ＥＮＥＯＳ）と日本鋼管（休部）が両雄として競い合っていた。さらに川崎市は東芝と三菱自動車川崎（三菱ふそう）が競い合い、この四チームの争いだけでも目の肥えたファンにはたまらなかった。

当時の川崎球場で行なわれた代表決定戦では本大会並みの応援団がスタンドを埋め尽くした。そんな中で、限りなくプロに近いレベルの選手たちが、アマチュア精神で戦っていたのである。

ところで、その川崎球場も今や野球場としての使用は不可能となり、大学のアメリカンフットボールの試合などに使用されている。往時を知る人たちにとってはいささか寂しいものがあるのは否めない。川崎球場はかつては大洋の本拠地であったが、やがて大洋が横浜大洋となり、さらに横浜ベイスターズとなって横浜スタジアムに定着するに至って、大洋とは縁がなくなる。その後、ロッテオリオンズが放浪球団となっていた時代があり、その頃の本拠地となっていた。

ロッテの川崎球場時代の最大のイベントは残念ながら主役はホームチームのロッテではなく、相手チームの近鉄だった。八八（昭和六三）年一〇月一八日の、いわゆる「近鉄の一〇・一八」と言われている「ロッテ対近鉄」のダブルヘッダーである。この日、近鉄が連勝すれば悲願の初優勝が決まるということになっていたのだが、二試合目に引き分けて結局西武に優勝をゆずったという、あのドラマの場所である。

以来、川崎球場は「今年も面白い、川崎劇場」などのキャッチフレーズでアピールしていた。しかし、残念ながら場末のローカル色の強い球場は、川崎市のイメージの変更とともに、姿を消していった。川崎球場周辺の、やや猥雑《わいざつ》な繁華街も活気を失っていった様子は否めない。こうして、川崎市そのものの街の様子も様変わりしていったのである。

それでも、神奈川県民にはホームチームとして横浜ベイスターズが存在し続けた。移転問題が浮上してきたこともあったが、IT関連のDeNAが参入してきて、横浜DeNAとなり何とか横浜に踏みとどまっている。

九八年の優勝で盛り上がったが、その後は低迷。一二年からは「絶好調男」の異名を持つ読売出身の中畑清を監督に招聘《しょうへい》。プロ野球でも何とか野球県神奈川を示していこうと躍起《やっき》になっている。

下を見れば、中学生の全国大会も毎年横浜スタジアムで開催されている。それを多くの県内の高校野球関係者が観戦することで、より全国のネットワークも広がっていく。神奈川県は、野球文化の普及と発展においては、絶好のシチュエーションとなっている。

あとは、やや低迷気味の大学野球を盛りあげてほしいと思うのだが……。毎年秋には、明治神宮大会出場を賭けたトーナメントを「横浜市長杯」と冠して横浜スタジアムで開催。県内の伊勢原にある東海大や横浜市青葉区にある日体大などの所属している首都大学連盟に神奈川大や関東学院大、横浜商科大に近年力をつけてきた桐蔭横浜大らの神奈川大学連盟、千葉県大学連盟、東京新大学連盟、関甲新学生連盟の二位までの各校が競い合っていくものだ。新しい大学野球の大会として、ファンの間でも定着してきている。

東京

日本の首都東京の野球は日本の象徴的野球となるのか

●究極の他県民集合体の中での東京気質

明治維新以来われわれに植えつけられてきた首都東京という意識が定着しており、「東京＝大都会＝スマート、華やか」というイメージは否めない。しかし、考えてみれば東京が都になって四〇〇年とわずかである。実はこれは京都が維持してきた都の歴史に比べるとはるかに短い。

江戸時代以来、都としての人々のありようは、「粋」が行き着くところであり、それが江戸っ子としてのプライドであり本来のスタイルなのである。本当の意味での東京人はモダンでスマートというよりは、「粋」ということを尊んだ。

東京都民は一二〇〇万人を超えている。言うまでもなく超肥大都市である。しかしながら、現実には地方出身者の集合体というのが正直なところであろう。いわゆる粋を重んじる「江戸っ子」と呼ばれる存在は「三代続いてこそ本物の江戸っ子」と言われることを思

う と、全体の一五%前後くらいしかいない。それだけ、よそ者が多いのだ。いや、むしろよそ者たちこそが今の東京を作り上げてきたのであり、究極の他県民集合体が現在の首都・東京なのである。

とは言え、文化と文明の最先端にあることは事実である。あらゆる情報がもっとも活況を呈した部分にあり、ビジネスの中枢が集合している。現在の日本から東京をなくしてしまったら、日本でなくなってしまうのも確かである。間違いなく、政治経済、文化文明の中心地である。

そんな認識が野球文化にも顕著に表われてきているのも確かだ。

生粋であろうがなかろうが、東京人にとって最大の価値観は自分の居場所がしっかりと確認できることである。それが権力なり自己顕示へ向かう人は自然に巨人ファンとなっている。これに対して、曲がりなりにも江戸人の名残を引きずろうとする人はヤクルトファンであることが多い。とくに、東京在住の反権力主義の人にとって、「アンチ巨人」であることはヤクルトファンとなっていくことにも重なる。そのことで、自分の野球ポリシーを形成しているということもあるだろう。

もっと反権力的にセ・リーグに対しても抵抗しようという人は日本ハムファンだった人

もいる。それ以前には東京（その後ロッテ）ファンこそ、東京下町の俠気だと粋がる人もいた。それくらいに、東京はプロ野球ファンのあり方だけでも非常に複雑なのである。

もちろん今では、神宮球場でも阪神戦が一番入ると言われているように、阪神ファンもいれば中日ファンもいる。子どもの野球帽も、クリムゾンレッドの楽天や西武の「L」もよく目にするものだ。

つまるところ、東京は他県民の集合体でもあるわけで、プロ野球ファンにもその傾向が顕著に表われているということなのである。

●ごちゃ混ぜの中で、多くの中流意識を育てている

東京に巨人ファンが多いというのは数の問題であって、人口比率からすれば必ずしもそうではないというのが実情である。それでも、東京人の権力志向、一番強いものが自分たちの立場とイコールであるという気持ちが、かつての巨人全盛時代からの名残で、巨人ファンを増加させていったという歴史がある。

文明やメディアの発達で、よりアメリカナイズされていくことによって都会的なスマートさを感じさせていく一方で、人工的な冷たさや他人には温かみのない無機質な感じを与

えるのも、東京の存在感なのである。

そんな東京だが、人々の趣向の多様化によって東京人も東京気質も日々変化をし続けている。当然、周辺の野球文化も変化をすることをやめていない。上はプロ野球から、下は少年野球まで、もしかしたら草野球まで含めて、東京の野球環境はアメーバーのように形を変えて動きまくっているのである。

そんなところに東京気質はあるということもいえそうだ。アメリカ合衆国が多民族の集合で成り立っているのと同様に、他県出身者の集合文化が成り立っているのが東京だ。他県出身者のごちゃ混ぜで何が個性だかわからないことこそが現在の東京人の姿でもあるのだ。とり立てて何というものがなくても、また、そこに存在する雑多なものこそ東京人の意識と言えるのではないだろうか。

どんなに貧乏でも都会人としてのプライドだけは高い。全員が中流以上の意識だけは持っている、それもまた東京人意識ということになってしまっている。

腐っても首都東京である。現在はメディアが発達していて地方格差がないとはいえ、やはり地方出身者がいきなり東京に来たときには圧倒される部分はある。それは、人の多さだったり、めまぐるしい交通網だったり、山手線内どこで降りても軒並み高層ビルがある都市構造だったりするのかもしれない。とにかく、東京はそこに住んでいればエラそうな顔ができる反面、知らない者には非情に感じられる冷たさが内在しているのだ。

それもまた、東京の姿なのである。だから、ポツンと一人で野球観戦をしている人も多い。

●少年野球と深く関わる東京・高校野球事情

もっとも人口が多いということは、人材が豊富ということになる。当然、東京の学校出身のプロ野球選手も多い。しかし、生粋の東京人としての野球人は誰かと言うと、案外いそうで見当たらない。つまるところ、荒木大輔（早稲田実→ヤクルト→横浜）がもっとも東京人らしいのではないのかともいえる。と言うのも、彼は調布リトルからシニアという少年野球の王道を歩み、その後は東京でも一番の伝統校とのプライドもある早実に進学し、一年生で甲子園準優勝投手となり、絶対的な人気を得る。早実に在学期間中は、すべて甲子園出場を果たしている。全国制覇こそないものの、高校球児としてはこのうえない歩みである。

荒木の活躍前後の東京は、高校野球としても非常にレベルの高い時代を迎えている。これは、大都市にリトルリーグを中心とした少年野球が普及してきたこともあった。そこで早くから硬式ボールになじんでいた選手たちが高校生になり、体の成長とともに、傍目《はため》にもうまいプレーをするようになってきた。人材の宝庫・東京には、指導者もそれなりに存在しており、少年たちにしっかりとした意識でしっかりとした野球を教える指導者が多くいたことも大いに関係しているのは間違いない。

東京で少年野球が発達したのは、遊び場の問題もある。子どもが外で遊ぶには限られた場所しかなくなってしまった都会だ。区や市など行政が管理する場所であれば、そこを使うにも大人の管理者が届け出る必要が生じてくる。それならば、組織だって野球などのスポーツチームとしてまとめ、技術を教えてくれる人がいたら、そのほうがいいということになる。東京ほどの都市にあっては、指導者の数名くらい探せば誰かしら出てくる。それが、結果的に少年野球を発達させたということだ。

少年野球の代表格的な存在になっている調布シニアや武蔵府中シニアが練習しているのが飛田給《とびたきゅう》にあるかつては関東村と呼ばれていたグラウンドだ。そこはほかの少年野球チームも複数練習場として活用しているので、まさに少年野球銀座である。その背景には中学のグラウンドが狭いとか、中学野球部があまり育っていないという背景もある。

さまざまな要因から少年野球が普及して、その有望選手たちが都内の有力校に集まるようになり、その生徒たちが高校に進学するようになって野球部の活動が熱心な学校はレベルがあがってきた。また、そういう選手が好プレーを見せることによって、ファンの注目も高まっていった。

このように、少年野球と高校野球とのつながりは深い。当然ながら指導者同士のつながりも深くなる。いかに高校野球の指導者や関係者とつながりを持っているのかということが少年野球のいい指導者の条件にもなる。また、高校野球指導者としては、いかにいい選手を獲得して上手に育てていくのかということも大事な仕事なのである。

その意味でも、東京都の高校野球は、少年野球の情報がチーム強化に欠かせない要素にもなっている。

●七〇年代から八〇年代にかけては優勝、準優勝の常連

一九七〇年代から八〇年代にかけて東京のチームは甲子園でも見るからにうまいプレーを披露するチームが多かった。とくに、春の選抜で東京代表は強く、七一（昭和四六）年、七二年の日大三、日大櫻丘の連続優勝にはじまって、七六（昭和五一）年夏の桜美林《おうびりん》

に二（昭和五七）年の二の優勝を挟んで、八〇年には春は帝京、夏は早稲田実が準優勝。八二年の松学舎《しょうがくしゃ》、八五年の帝京、八七年の関東一と準優勝が続く。このあたりは、少年野球時代からの好選手が素直に育って、高校野球の早い段階で開花していったということであろう。

比較的春に強かったというのは、夏よりはチーム歴が浅く、それだけ選手個々の素材力によるところも大きいという点があったかもしれない。九〇年代に入ると、少年野球チームとの強いつながりを持って国士舘《こくしかん》が躍進し、「春の国士舘」の異名とともに出ればベスト4、ベスト8という実績を残していた。

軒並み、上手なプレーの選手が目白押しという中で、突出した力強さを見せたのが帝京である。前田三夫監督の方針もあって筋力アップトレーニングを推進し、巧みな技術とパワー野球を武器に、八九年夏に吉岡雄二投手（帝京→読売→近鉄→楽天）で悲願の全国制覇を達成。九二年春も三沢興一投手（帝京→早大→読売→近鉄→読売→ヤクルト）で、さらに九五年夏にも白木隆之投手（帝京→三菱自動車川崎・三菱ふそう）で優勝している。

いずれも、投手が中軸を打ち、投げないときには三塁手や右翼手となるというチームだった。少年野球時代から複数のポジションに慣れ親しんでいる選手たちは、それを自然にこなすことができた。こうして、帝京黄金時代が形成されたのである。

そして、東京都高校野球史上最強チームとして、二〇〇一年の日大三が大会通算打率の更新をしながら、圧倒的強さで全国制覇を果たした。西東京大会の段階から、高校生の大会に大学・社会人チームがいるようだと言われ、圧倒的な強さで勝ちあがっていった。ここに東京の高校野球の一つの完成形を見たと言っても過言ではあるまい。

日大三はさらに、一一年夏にも再び強力打線で全国制覇を果たす。また、その間には群馬県人の斎藤佑樹（日本ハム）が入学した早稲田実が、駒大苫小牧と延長一五回引き分け再試合を戦うなどしながら全国制覇。

東京の高校野球は再び黄金期を迎えたかの感もあった。

●城東が雪谷《ゆきがや》が、そして小山台《こやまだい》が私学絶対だった意識と歴史を変えた

東京都の高校野球は学校数で言えば圧倒的に都立校が多い。都立校はそれぞれの環境で、限られた中で最大限の努力をしている。かつて都立校の甲子園出場は不可能だろうとまで言われたが、八〇（昭和五五）年に国立《くにたち》が夢の甲子園を実現した。それまでは東《ひがし》大和《やまと》が二度決勝に残ってあと一歩までたどり着いたが、そこまでが都立校の限界とも言わ

れていた。それが国立によってあっさりと達成されたのだ。しかし、以降はまた都立校の苦戦が続く。

グラウンドや施設の不足、指導者の異動など条件的にさまざまな不利は否めない。ところが、国立から一九年後、今度は城東が甲子園出場を実現。もともと少年野球が盛んで野球オヤジも多い下町・亀戸《かめいど》は高校野球一色となった。城東の場合、当時の有馬信夫監督から梨本浩司監督へと指導者の異動があったにもかかわらず、二年後にも甲子園出場を果たした。

これで、都立校の持つハンデは意識としてはクリアされた。都立校で野球部を受け持つ多くの指導者たちにも勇気と自信を与えるようになった。さらに〇三年夏には雪谷が甲子園に出場を果たした。こうして意識は完全に都立も私立もなくなった。都立校の躍進が少年野球で実績をあげた有望中学生たちの分散化も呼んだ。スポーツ推薦入学制度の導入など多くのチームがより可能性を感じられるようになっていくようにもなった。

指導者に情熱があり、一生懸命取り組んでいけば、私立も都立も関係なく、甲子園が具体的に見える位置になってきたのだ。この現象に対して「東京高校野球の地盤沈下」と言う人もいるが、もともと雑多に人が集まり、その人たちが自分たちの環境を良くしていって発達していったのが東京の街づくりだったのだ。野球でも、それと同じことが起きているのである。

現在の東京の高校野球は、西では日大三が抜けた存在で、日大鶴ヶ丘に早稲田実、国士舘、創価、東海大菅生《すがお》、日大二など、都立勢では一三年夏に決勝進出している日野《ひの》をはじめ、環境に恵まれている片倉、昭和、総合工科などが食い下がっている。東では関東一と帝京を筆頭としているが、修徳、二松学舎、東亜学園、岩倉といった甲子園経験のあるチームに都立勢も城東や雪谷、一四年春に東京勢として初めて二十一世紀枠代表に選ばれた小山台などが健闘している。他にも、熱心な指導者たちが切磋琢磨し合い、毎年有力チームが違っていくのが東京本来の野球環境でもある。

●東の聖地ともいえる神宮球場を守ろう

高校野球の聖地としての甲子園に対して、東京には大学野球の聖地としての神宮球場がある。東京六大学野球と東都大学野球は常時この球場でリーグ戦を戦っている。戦前は学生野球がすべてという時代があり、職業野球団（現在のプロ野球）よりも人気があった。歴史的にも多くの伝説を残してきた。プロ野球が二リーグ制となって安定した人気を得はじめた頃の昭和三〇年代から四〇年代にかけても、学生野球は人気を博していた。それは、神宮で戦った選手がやがてプロ野球へ進んでさらにスターとして輝いていくということもあったからだ。

高度成長時代の日本にあって、時代の流れに沿って成長していく日本と神宮からプロの世界に巣立つ選手に、その姿を重ね合わせていたのかもしれない。しかし、いつしか学生野球もかつての連日満員という状況ではなくなってしまった。野球人気がすべてではないという声も聞かれるように、人々の興味も多様化してきた。学生気質も変化して、神宮で母校の応援をすることに青春の喜びを感受するというものでもなくなってきた。

神宮球場も人工芝となり、朝から晩までフルに回転している。とはいうものの、聖地としてのイメージはやや薄れてしまったのは残念だ。それでも、三月の社会人野球スポニチ大会から、ヤクルトのオープン戦にはじまって、シーズン中には昼は大学野球、夜はプロ野球公式戦という二期作状態が続く。七月になると高校野球の東西東京都大会の会場にもなる。この状況が十一月まで続く。十一月になっても明治神宮大会がある。さらに、オフの間は草野球に提供することもある。草野球プレーヤーにとっても神宮は聖地なのだ。

隣の第二球場は春と秋の高校野球のメッカでもある。一四年からは東都二部での使用を止めたが、空いているときにはゴルフ練習場として開放するという二毛作状態だ。聖地でありながら、メンテナンスの暇《いとま》もないくらいのフル活動である。

ファンとしては、神宮球場の過労死だけは避けてほしいという願いもある。また、二〇二〇年に東京オリンピック開催が決まったことで、国立競技場を含めて神宮外苑も再開発をされていくようだ。神宮球場が第二球場含めてどうなっていくのか、ヤクルトのホームグラウンドとしての位置づけはどうなるのか。歴史を担ってきたことを認識しつつも、より機能的に改革されていくことを期待したい。

社会人野球は、後楽園《こうらくえん》から東京ドームへ移転して、真夏の都市対抗がドームの中で比較的心地よく観戦できるようにはなった。それでも、ドーム内に反響する応援の音や歓声など、その熱気は変わっていない。

やはり、東京は野球文化としても中枢である。

山梨 人は石垣、人は城、人材を大事にする甲斐《かい》の心が人を育てる

●協調性が支えとなる甲府盆地という土地空間がメイン

地理的には甲信越という地区分けがあって、山梨と信州すなわち長野とを合わせて言うことが多い。中学校の地理では山梨県は広く中部地区に組み入れられていた。しかし、高校野球など高校スポーツでは山梨県は関東大会に参加することになっている。実情としては東京にも近く、意識はあくまで東京なのである。都庁のある新宿から高速バスで二時間余、特急ならば一時間半の土地でもある。当然と言えば当然のことだ。

東京都や神奈川県出身の選手もかなりいて、東京都の影響力なくして山梨県のスポーツは成り立たないと言っても過言ではないくらいだ。常に東京を意識しながらも一目置いているというところもあるのだろうか。ただ、保守的ではあるが、心のどこかには負けず嫌いな面があるというのが山梨県人の特徴である。ＮＨＫの連続テレビ小説『花子とアン』でもそのあたりの描写は秀逸だ。

この気質は歴史をさかのぼっていくと、武田信玄《たけだしんげん》の時代から続いているのかもしれない。というのも、各国に戦国武将が存在した群雄割拠の戦国時代にあって、甲斐の武田は名将とも謳われていた。

武田信玄の信念は、「人は石垣、人は城、情けは味方、仇は敵」と『武田節』にも詠われているとおり、武士の精神を大事にするというものである。これは、人材を大事にしていこうという姿勢のあらわれでもある。こうした考え方の背景には、周囲を山に囲まれた盆地という土地柄もあっただろう。つまり、今、自分の周囲にいるものを大事にしていきながら、土地を守っていかなくてはならないからだ。

盆地がそのまま県になっているという地形なので、夏は暑く、冬は寒いという厳しいものがある。それが、県民の忍耐力と謙譲の美徳を育成したのであろう。だから、日本の象徴である富士山に関しても、本当は山梨県にも十分にかかっているのに、富士山イコール静岡県というイメージが強いことに対して、さほど目くじらを立てていない。むしろ、「山梨側から見える裏富士もきれいですよ」などと、負けず嫌いなのにあえて「裏富士」であることを容認している。

これもまた、山梨県人の控えめにして、温厚な側面かもしれない。

●東京に近い意識が野球センスに磨《みが》きをかける

首都・東京に近いという立地は、文化や教育面では充実していく要素となる。これが、気候が厳しく、土地にもあまり恵まれていなかった山梨県の産業を発達させていった。

人材に関してもこのことは言える。高校野球では東京の少年野球出身者が比較的多い。山梨学院や日本航空、上野原《うえのはら》にある日大明誠《めいせい》などは東京の少年野球とのつながりも深い。また、村中秀人監督が神奈川県出身ということもあり東海大甲府は神奈川勢が多い。いずれにしても、選手たちも人口の多い地域で揉《も》まれながら鍛えられているだけに、個々のプレーとしては非常にうまい。彼らに刺激を受けながら、山梨県の野球レベルがあがっていったことは確かである。

山梨県を代表する野球人としては堀内恒夫《つねお》（甲府商→読売）がいる。一九六六（昭和四一）年に高校から入ったルーキーとしては快挙の一六勝を記録し、通算二〇三勝、MVPも獲得し、沢村賞も二度受賞するなどの記録が残っている。現役時代は、帽子をゆがめながらの力投で、向こう気の強さから「悪太郎」と呼ばれた。これこそまさに山梨県人の負けん気の強さと勝負に対する執念深さであり、山梨弁で言うところの「めちゃかもん」の典型だ。

負けず嫌いという気質は、〇五年のシーズンに快進撃を果たしたロッテの守護神として踏ん張った小林雅英（都留《つる》→日体大→東京ガス→ロッテ）にも言える。ピンチでも堂々とした顔で投げ込み、使い減りしないタフさは強い精神力の持ち土だ。

●甲府工の独占に、東海大甲府、日本航空などが対抗

記録を追ってみると、山梨県の野球は戦前から戦後にかけてほとんど冬の時代である。地区割りも静岡県と組まされたり、埼玉県と組まされたりと安定しなかった。とくに、静岡県が強い時代に「山静地区」となっており、甲子園出場の機会を奪われていた。その後、埼玉県と組んだ南関東大会も大宮勢、深谷商、上尾などの軍門に下っている。結局、七八（昭和五三）年の一県一校になってからようやく甲子園で山梨勢の活躍を見られるようになる。その後の躍進は東海大甲府が中心となり、前述の東京や神奈川の少年野球のエキスを注入した各校が躍進してきている。

それに、伝統の甲府工や日川《ひかわ》が絡《から》んでくるのだが、県内での人気は圧倒的に甲府工である。卒業生も多く、タクシーに乗っても、運転手が「私も甲府工なんですがね、今年は投手がいいですから期待できますよ」などと言ったり、ほうとうをつつきながらふと店の人

に高校野球の話題をふると、「実は、私も甲府工なんですがね」というケースが少なくない。それくらい県内には甲府工の卒業生が多く、県内の高校野球を圧倒的にリードしていた存在である。

もちろん甲府工は今も山梨県の高校野球をリードしているし、応援団が非常に洗練されてきたという印象があった。これは、東京六大学野球のスタイルを真似たものなのだ。このあたりも東京の影響があるということになる。余談ではあるが、かつてはスーパーアイドルとして人気絶頂だった田原俊彦も甲府工の卒業生である。また、ベストセラー作家の林真理子は日川の卒業生だ。

山梨学院は大学が駅伝で一気に名をあげて全国認知されたが、二〇一四年春に関甲新学生野球リーグを初めて制し、全国に登場することになった。また、付属高校も長崎県の清《せい》峰《ほう》で実績のあった吉田洸二《よしだこうじ》監督を山梨学院大出身ということで招聘した。一四年春には二〇年ぶりの選抜甲子園を摑んだ。

第三章

北信越編

新潟
雪国の諦めない粘り強さは格別で、象徴的だった日本文理〇九年の夏

●忍耐強さとド根性は、豪雪で養われた賜物《たまもの》

日本でも有数の豪雪地域といわれている新潟県である。地理的には東西に長細く日本海に面しており、シベリアからの寒波もあり豪雪はどうしようもない。加えて二〇〇四年には大地震も新潟県を襲った。ただでさえ新潟県民にとっては、そろそろ今年も雪対策を、という矢先だっただけにこの大震災は非常に堪《こた》えたことであろう。二〇〇七年七月には新潟中越沖地震にも襲われた。しかし、彼らは黙々と復興へ向けての努力をして、その度、何とか持ち直したのは、粘り強い新潟県民ならではとも言える。

雪で閉ざされる期間が長い新潟県民は、自分たちでは避けきれない、そんな自然環境の中で我慢する心を自然に身につけていった。また、その中から忍耐力、粘り強さ、「ここで負けてはいけない、今に見ていろ」という強い気持ちを持つことになっていったのではないだろうか。

新潟県の代表的な人物として田中角栄が挙げられるが、中央に出るまでの粘り強さと、いったん表舞台に出るや「人間ブルドーザー」とまで言われたあの押しの強さは、良きにつけ悪《あ》しきにつけ、新潟県人の象徴的なものであることは否定できない。

また、同じようなタイプとして、徳間グループを一大メディアカンパニーとして成長させた徳間康快《やすよし》も、そのエネルギーと忍耐力と一つことに対しての執念は並大抵のものではなかった。一九八〇年代には、出版と映像制作のメディアミックスを定着させ、スタジオジブリを創設して、アニメーションビジネスにも参画した。

これらのエネルギーは、豪雪を耐えてきた新潟県人だからこそ、根底に育《はぐく》むことができたものである。そして、一つの機会によってそれが、より大きなパワーとしてはじけたのではないだろうかと推測できる。

●米どころで、銘酒の産地で、人は勤勉で働き者

徳間康快とは異なるが、やはり一代で一つの業界内で自分の世界を築いたという点ではジャイアント馬場こと馬場正平《しょうへい》もいる。三条実《さんじょう》（現三条商）の大型投手として注目され、中退して読売入りした。しかし、一軍ではわずかに三試合に登板して〇勝一敗という

数字を残すのみで、実質四年でプロ野球界からは姿を消した。が、その後、力道山《りきどうざん》に見出されてプロレス界入り。六三（昭和三八）年にジャイアント馬場のリングネームで登場すると人気を博した。さらに、力道山が亡《な》くなると、プロレス界の次代スターとなっていった。七二（昭和四七）年には全日本プロレスの総帥となり、選手兼経営者として大活躍した。

最初に夢見たプロ野球の世界で夢が実現しなかったものの、その後も忍耐と粘り強さを発揮して、プロレス産業をビッグエンターテイメントとしていった手腕は、やはり新潟県人ならではのものだ。

ところで、新潟県といえば米どころであり、酒どころでもある。美味しい米ができるのは土地が稲作に適しているという条件があったことはもちろんだが、新潟県人はコツコツと手間のかかる農作業を一生懸命に行なうため、よく稲が育つからだとも言えよう。それが、結果として美味しい米を生み出し、ひいては銘酒を誕生させることになっていくのだ。もちろん、データ的にも清酒の消費量は多く、全国平均の二倍近くと言われている。労働の後には、酒を飲んで癒《いや》すというのも新潟県の人たちの生活パターンともいえるのだ。

また、秋田県同様に米どころと酒どころには美人が多いということも言われている。人気CM「白戸家《しらとけ》」シリーズでお母さん役の樋口可南子《ひぐちかなこ》は加茂市《かもし》、全日空水着キャンペーンガールに選ばれた鷲尾《わしお》いさ子は新潟市の出身だ。

●甲子園通算勝利数最下位でも輝く〇九年夏の準優勝

粘り強い新潟県民にとって、残念なのは高校野球の甲子園での勝利数が全国で一番少ないということだ。やはり、雪国のハンデは否めない。新潟地区と長岡を中心とした中越地区、柏崎《かしわざき》、上越《じょうえつ》などのある上越地区、新発田《しばた》や村上の下越地区と四つに分かれざるを得ないのは長野県と似ている。それぞれの地区で独立意識と対抗意識も高くなる。

近年は新潟明訓《めいくん》と日本文理の私学の両雄がリードして競い合ってきた。その一つの結果が〇九年夏の日本文理だった。三年ぶりの出場となったこの年は、春夏連続出場となったが、初戦で愛媛の寒川《さんがわ》に競り勝つと、勢いに乗って勝ち上がり準決勝では県岐阜商を下して決勝進出。決勝では中京大中京に四対一〇で九回二死から猛追を見せて、満場の心を摑んだ。これこそまさに、我慢強く耐え忍びながら最後まで諦めないで、思いを一気に爆発させた新潟県ならではのものともいえる試合だった。

長らく未勝利県だった春の選抜も〇六年に日本文理が初勝利するとベスト8にまで進出した。また、ライバル新潟明訓も一〇年夏にベスト8に進出している。こうして、この両校が県内の高校野球を引っ張っていることだけは間違いない。

県内では、今後もこの二強対決の構図が続いていくであろう。この構図が出来上がる前までは、新潟商や長岡商の時代があり、やがて中越がリーダー的な位置で引っ張っていったこともあった。

県が縦に長いということで、大会の移動などもハンデは否めない。それでも、関越道の整備など交通網の発展で、首都圏や北関東の強豪との交流が盛んになっていったことも、底上げには十分役立っているのであろう。そこに、県民独特の粘り強さが融合されることで〇九年の日本文理のような力を発揮することにもなっていくのだ。

長野

知的意識が高く理論派が多いが、野球そのものは比較的クール

●地域によっての住民性が異なるのが県民性か

県内に長野市と松本市という二つの大きな市があって、双方が比較的距離が離れているということが、長野県の県民意識に影響を与えている。高校野球の県内ブロック大会の地区分けと同じように、上田市や佐久長聖《さくちょうせい》のある佐久市の東信地区、長野市が中心で諏訪《すわ》市も含む北信地区、松本市が中心の中信地区、そして諏訪市と飯田市などの南信地区という四つの地区に分けられる。そして、それぞれの地元意識を育んでいるのである。

だから、県民意識というよりは、地域意識が非常に高い地域である。諏訪あたりは、長野市とは別の意識で成り立っている。上田は上田で独立しているし、長野オリンピックの準備をしている頃に飯田を訪れて、オリンピックの話題を振ってもあっさりとかわされたのには、こっちが拍子抜けしたくらいだ。

「春寂寥《はるせきりよう》」の寮歌で有名な旧制松本高等学校が母体となっている信州大学が、いわゆる

タコ足大学とも言われるくらいに学部ごとでキャンパスが分かれて存在しているのも、いかにも長野県の学校らしい。松本高等学校は旧制高校の中でも、よりユニークな教授や学生が多かったとも言われている。これも、長野県松本市という独立した土地柄から、自分たちの文化を築いていったということが言えそうである。このあたりは、北杜夫《きたもりお》の『どくとるマンボウ青春記』に詳しく書かれている。

松本駅から駅前のあがたの森通りを歩いていくと、そこに旧制高等学校記念館がある。旧松本高等学校の大正時代の設立校独特のコの字型校舎があり、当時の教室の様子なども復元してある。松本市にこの記念館があることにも意味がある。

●教育県としての意識が高く、生真面目で理論家

全国でも有数の教育県だからこそ、旧制高校でナンバースクールに次ぐ地名校の最初として長野県の松本に開校した。長野県の教育熱が高い背景は、自然環境が厳しく、土地も比較的肥沃なところが少ないことで、農作業に従事して身を粉にして働くよりは学問を身につけようという意識が働いたとも言える。

確かに、島崎藤村の『夜明け前』の主人公青山半蔵の例に見るまでもなく、学問を志《こころざ》

して上京する若者が多い。岩波書店や筑摩書房など、比較的硬派な出版社の社長が多く輩出されているのもそんなところからだろうか。そういえば、アララギ派の歌人として有名な島木赤彦《しまきあかひこ》も上諏訪の出身である。ちなみに、岩波書店がかつて一高↓東大の出身者がメインだったのに対して、筑摩書房は松高↓東大というラインの人をメインに設立された。

東京へ出てきて知的労働をしようという意識は長野新幹線の開通でさらに強くなったとも言えよう。そして、帰郷した際には知性が議論を呼び、その影響が県全体に広がって比較的議論好きな県民性がつくりあげられていったのである。よく言えば、文化論や経済論を語り合える知的な県民と言えるが、口の悪い他県の人は単に理屈っぽいだけじゃないかとも……。

面積も非常に広い長野県は日本で四番目である。三番目の福島県よりも広く感じるのは、南北に長いからだろう。だから、当然のことだが、県としてのまとまりよりは、それぞれの地区としての地場意識のほうが強い。

●明治大学野球部の御大、島岡吉郎《よしろう》こそ長野県出身野球人の典型

教育県・長野はスポーツよりも勉学への意識が高いという印象が強い。「野球なんかや

ってないで、勉強しなさい」といったところだろう。だから、高校野球も特徴立った要素が少なく、県内では松商学園の一人勝ちという状況がずっと続いていた。しかも、その松商学園でさえ（戦前の松本商時代には全国制覇という歴史もあって輝かしいのだが）、戦後になってからは甲子園ではせいぜい一勝がいいところだ。そんな状況だったから、県内での高校野球に対しての関心も低いというのが正直なところだっただろう。

松商学園は多くのプロ野球選手を輩出しており、プロ野球草創期の一リーグ時代ながら史上初の三冠王となった中島治康《なかじまはるやす》（早稲田大→藤倉電線《ふじくらでんせん》→読売→大洋）がいるものの、その後は球界を代表するような看板選手やスター選手がほとんど出ていない。

逆に、高校野球やアマチュア野球の指導者としては多くの人がいる。このあたりも、教育県長野の面目躍如である。その代表的な人物が明治大学野球部監督として神宮のカリスマとなった「御大」島岡吉郎である。野球をやりたくて松本商への進学を希望したが、「男なら東京へ出て、東京の学校へ行け」という父の教えで、一二歳で信州を後にして政治家になるために明治中（旧制）に進学した。戦後の総選挙で長野三区からの出馬準備をしていた島岡がひょんなことから明治中監督を経て、明治大学野球部監督となった。

明大監督時代の幾多の伝説は有名だが、監督として初めての優勝決定の際のコメントは

「総理大臣になったより嬉《うれ》しい」という言葉だった。総理大臣と野球指導者を同位置とした発想も、長野県人らしいと言えようか。

その島岡に強く影響を与えたのが、飯田中（現飯田高）から國學院大學を経て教職につき中京商（現中京大中京）で野球部を指導し、夏の甲子園三連覇の偉業を達成した木村《きむら》頌一《しょういち》である。そして、島岡吉郎の教え子としての筆頭が、飯田長姫《おさひめ》で「小さな大投手」として春の甲子園で全国制覇を果たし、明治大でも活躍、諏訪市の社会人野球の強豪となった三協精機《さんきょうせいき》を経て明治大監督も務めた光沢毅《みつざわたけし》であろう。

ただし、高校野球そのものに関しては、全国での輝かしい活躍がないため県民の意識としては低かったことは否めない。

●松商学園・上田佳範《よしのり》が初めて県民意識を一つにまとめた

長野県の高校野球イコール松商学園という時代は戦後も継続されていたが、残念ながら甲子園ではあまり勝ち上がれなかった。しかし一九九一年、大異変が起きた。

この年の高校生は、あとで考えて見ると非常に豊作で、愛工大名電にはイチロー（鈴木一朗。オリックス→マリナーズ→ヤンキース）がいたし、星稜《せいりょう》には二年生ながら不動の四番として松井秀喜（読売→ヤンキース）がおり、延岡学園には黒木知宏《ともひろ》（王子製紙《おうじせいし》春日《かすが》井《い》→ロッテ）がいた。その愛工大名電を春の選抜一回戦であっさり倒したのが松商学園だった。ちなみにイチローは五打数で無安打だった。松商学園の投手は上田佳範（日本ハム→中日）である。この好投で自信を得たということもあって、勢いに乗った松商学園はこの大会をすいすいと勝ち進んで決勝まで進出してしまった。決勝では広島の名門広陵に敗れたものの、野球どころの広島県相手に十分にやれるということの証明になった。そして、それはそのまま夏への大きな期待となった。

　その夏の甲子園も長野代表は順当に松商学園だったが、県勢としては久しぶりに前評判が高かった。そんなこともあって、この年だけは長野県民は高校野球に対しての意識が高かった。また、松商学園も期待に応えるかのように勝ち進み三回戦は壮絶だった。相手は二回戦で黒木のいた延岡学園を下した四日市工で、好投手の井手《いで》元健一朗《もとけんいちろう》（中日→西武→ＪＲ東海）がいた。この試合、松商学園は延長一六回の末に満塁で、上田が頭部に死球を受け、これが押し出しサヨナラとなった。この試合は、長野県民の全魂がこもっているかのように凄《すさ》まじかった。もしかしたら、あのときは長野オリンピック以上に長野県民はまとまっていたのではないかと言う長野県人もいるくらいだ。

この試合でエネルギーを使い果たした松商学園は、準々決勝で初の北信越対決となったが、松井秀喜のいた星稜に屈した。今でも、長野県の野球ファンの人たちはこの年のことを熱く語る。

その後の長野県は佐久長聖が台頭してきている。文武分業制を推進しており、進学実績は年々上昇、長野県民好みの学校ということで、県内の支持も多くなってきている。駅伝が強いことでも有名だが、近年は箱根駅伝で佐久長聖出身の選手が各校で競い合っていることで、全国的に知られる存在となっている。

一三年夏は上田西が斬新なデザインのユニフォームで出場、地球環境とともに一目見たら印象に残るものだ。このあたりの自己主張も長野県らしいといえようか。

社会人野球ではかつて、三協精機と電電信越（その後、ＮＴＴ信越）が競い合ったが、現在はＮＴＴ信越の流れを汲む信越硬式野球クラブが頑張っている。

富山　地味な印象は否めないものの、コツコツと積み上げていく印象が強い

●勤勉に足で稼いで、身持ちもよくて、だけど……

一戸一戸、民家を回っての薬の訪問販売で発展していったと言われているのが、越中富山の薬売りだ。この薬売り文化に代表されるように、富山県人はコツコツと真面目に仕事をこなす勤勉さが特徴とされている。その背景には、歴史的に見ると隣の加賀《かが》百万石の豊かな藩に対し、富山藩はその支藩のような立場だったということもある。それだけに自分のことはコツコツと自分でやっていかなくてはならないのだ。また、稼いだものも決して浪費しないで、しっかりと倹約して貯めていくという体質になっていかざるを得ない。

冬は周囲が雪に閉ざされてしまうという北陸独特の気候による閉鎖性にも影響されている。歴史的にも地理的にも、決して恵まれていたとは言い難い。だから富山県民はこうして、勤勉な身持ちのいい手堅い生活をしていくという体質をつくっていったのだ。

その結果として当然、持ち家率も高いし、女性も勤勉で夫婦共働きという世帯も多くな

った。貯蓄額が多いというデータも出ている。

ただし、北陸勢の中でもややマイナー感は否めない。兼六園《けんろくえん》があり、北陸の京都として確固たる地位を持っている金沢市の香林坊《こうりんぼう》のような歓楽街や加賀温泉という観光スポットが人気の石川県や、米どころであり銘酒も多いし、上越新幹線ができて東京都との接点が非常に強くなった新潟県に比べると、もう一つアピールするものがない。

石川県、新潟県は美人が多い県とされていて、「金沢美人」「新潟美人」などと言われるのに対して、その両県に挟まれながらも「富山美人」とはあまり言われないのも気の毒だ。個性派女優の室井《むろい》滋《しげる》や柴田理恵が代表的な富山県人とされている。室井滋のエッセイ『キトキトの魚』にも、倹約することとコツコツと仕事をこなしていく富山県民体質について触れられている。

●富山の早慶戦の高岡《たかおか》商と富山商が基礎を築いた

野球の歴史でも、富山県は北陸三県でいくらか後《おく》れをとってしまった。比較的関西に近く野球文化の導入が容易だった福井県や、経済的には豊かな石川県などに比べると、さまざまな不利は否めなかった。

そんな中で、当時の地方都市の傾向と同様に商業学校は野球の普及に積極的だった。富山市と高岡市の二つの商業学校が中心となっていったのも、堅実な商業県の富山県らしいところであろうか。

とくに、野球部発足当時に高岡商は早稲田大から、富山商は慶應義塾大からそれぞれコーチを招いたので、ユニフォームもそのデザインを基調としたことからはじまっている。高岡商のユニフォームは、まさに早稲田カラーで、愛媛の松山商同様に、胸文字のデザインも含めて早稲田の色合いが強い。富山商は胸文字を慶應スタイルのゴシック体で表記していた時代もあったが、近年ユニフォームのデザインをよりクラシックなスタンダードスタイルに変更した。

いずれにしても、この両校が切磋琢磨しながら「擬似早慶戦」の意識を高めていくことによって、県内の野球レベルも高まっていった。最初に全国に富山県野球を披露したのは一九三七（昭和一二）年のことだった。それから遅れること三年、富山商も続いた。以来、両校のライバル関係はますます強くなっていき、とくに五〇年代から六〇年代、七〇年代はほとんどこの両校で競い合っていた。また、この両校の対決が富山県の高校野球でももっとも多くのファンを動員するものとなっていった。まさに、「富山県の早慶戦」が、富山県の高校野球を育てていったと言っても過言ではあるまい。

●魚津《うおづ》、新湊《しんみなと》の活躍でそれぞれの歴史を築く

富山商と高岡商の対決だけが富山県の高校野球かと言うと、そうではない。むしろ、富山県勢が全国で注目を浴びたときは、この両校以外ということも注目に値する。最初に富山県が注目されたのは五八（昭和三三）年夏の第四〇回記念大会で、この年は一県一校代表の恩恵もあって魚津が初出場。浪商、明治という大阪と東京の代表校を相次いで撃破して迎えた三回戦。板東英二投手（中日）を擁する徳島商と延長一八回引き分け再試合という大熱戦を演じて、一挙に全国区となった。とくに、村椿輝雄《むらつばきてるお》という素敵な名前の投手に魚津沖の蜃気楼《しんきろう》とイメージをダブらせる人も多かった。

それから、二八年後の春、今度は新湊が近藤真一投手（中日）の享栄《きょうえい》や拓大紅陵を下してベスト4に進出した。このときも、享栄には一五個の三振を奪われながらも一対〇という最小点数で何とか逃げきって勝利している。

板東の徳島商との善戦といい、近藤の享栄に対しての健闘といい、まさに厳しい冬に耐えながら、「キトキトの野球」で抵抗を示したのだ。一つひとつ自分のことをきっちりと

やっていこうという、勤勉な富山県人の姿がよく表われている。

新勢力としては一三年夏に富山第一が「1」を大胆にデザインしたユニフォームで驚かせながらも躍進。ベスト8に進出して気を吐いた。魚津から横浜国立大に進んで故郷に戻ってきた黒田学《まなぶ》監督が、「富山代表の歴史を変えよう」という意識で取り組んでいる。新たな富山県の野球文化を育みそうだ。

魚津といえば、女子大学野球の発祥は魚津短期大である。それが元となって、全日本女子大学野球大会は魚津市で開催されるようにもなった。高校野球では大いに後れをとった富山県ではあるが、女子野球では先端を走ったのだ。

また、大学野球では、北陸大学野球連盟で高岡法科経済大が活躍している。社会人野球では高岡市にある伏木《ふしき》海陸運送が都市対抗野球や日本選手権に出場するなどして健闘している。

石川

ゴジラ発祥の地だが、加賀百万石の名残で殿様気分のおっとり型

●北陸三県でも自尊心は強く、プライドも高い

北陸の京都と言われる金沢市は落ち着いた市街で、兼六園や金沢城も何となくゆったりとした感じがする。金沢駅周辺よりも、少し離れたところに北島三郎の『加賀の女』にも歌われている繁華街の香林坊があるのも、街並みのゆったり感に影響を与えているのだろうか。ことほどさように、石川県でもとくに金沢市はすべてに余裕が感じられる。やはり加賀百万石のもたらした歴史的背景があることは否定できないだろう。

とくに、江戸時代には加賀藩の豊かな経済が庶民にも圧政を敷かず余裕を与えていた。それで、文化や芸術といったものに広く目がいくようになったということもあるだろう。また、旧制第四《だいし》高等学校があったことで、学生にも優しく、知的好奇心や向学心も高く、さまざまな文化が根づきやすかったのではないだろうか。明治時代の文学者である泉鏡《いずみきょう》花《か》や室生犀星《むろうさいせい》、『善の研究』で有名な哲学者・西田幾多郎《にしだきたろう》も石川県人だ。

こうした文学者や哲学者などのインテリ族を輩出しているだけあって、石川県人は地元に対しての意識が高い。北陸三県の中でも自分たちの優位な立場を心得ており、自尊心と殿様気分からくるプライドの高さもあるだろう。そんな県民性は、さりげない日常の会話にも表われ、北陸を旅して回ってきたと言うと、「やっぱり、金沢の街が一番落ち着きますやろ」とか、「同じ北陸の魚でも、金沢が一番美味しいやろ」などということを、旅館の女将《おかみ》あたりもさりげなく言う。

実は全国高校野球選手権の大会歌『栄冠は君に輝く』の作詞をした加賀大介《だいすけ》も石川県人だ。「いつか自分は芥川賞を獲るのだ」という意識の高さ、そして自分に対するプライドの高さは格別だった。本名の中村義男《なかむらよしお》を加賀大介と変えたくらいに石川県にこだわった典型的な「加賀の人」だった。

●能登半島と、金沢市、それぞれ独自の地元意識が強い

同じ石川県といっても、能登半島のほうへ進むといささか事情が変わってくる。能登半島は自然の厳しさもあって、金沢市ほどのんびりはしていない。というより、のんびりしてはいられないという事情があったのかもしれない。金沢市は加賀百万石の恩恵で比較的

過ごしやすく、歴史的に江戸時代から恵まれていたし、早くから東京と直通の飛行機が発着する空港があって、経済的に発達してきた小松市などに比べると、七尾《ななお》市や輪島市は独自の文化をつくっていく必要があった。輪島塗や和倉《わくら》温泉の発達は、そんなところで何とか地場の経済状況をよくしていこうという努力のあらわれだろう。

だから、能登半島の石川県人はどちらかというと、実務的な面で勤勉である。そういう意味では富山県人に似ている。しかし、石川県民としての誇りは高く、芸術性や知的生産性を重んじる傾向は強い。輪島塗などは、そういった傾向の産物と言ってもいい。

輪島と言えば、大相撲第五十四代横綱の輪島大士《ひろし》も石川県七尾市の出身である。中学時代から大相撲に目をつけられている逸材だったが、「相撲取りでも学校は出ておかないかんやろう」という周囲の勧めもあって、野球に加えて相撲部も強豪の金沢高校へ進み、その後日大へ進学して学生横綱のタイトルとプライドを引っさげて七〇（昭和四五）年に角界デビューしている。天才力士として一時代を築いているが、彼のプライドの高さは、不祥事で相撲界を退いても変わっていない。これもまた、石川県人の側面である。

ちなみに相撲界で期待の一番星と言ってもいい遠藤聖大《しょうた》も能登半島の鳳珠《ほうす》郡穴水《あなみず》町の金沢学院東出身の石川県人だ。

●ゴジラ・松井秀喜の商品価値をあげた「五打席敬遠で勝負せず」

石川県が生んだ最大の野球人は、何と言っても松井秀喜（星稜→読売→ヤンキース）である。その松井の商品価値を決定的としたのが、一九九二年八月一六日の甲子園球場第三試合、第七四回全国高校野球選手権大会二回戦の星稜と明徳義塾の試合である。

この試合、四番松井は一、三、五、七、九回と五度打席が回ってくるものの、いずれも一点差で星稜がリードされているという場面である。一発が怖い明徳バッテリーは結局すべての打席で敬遠の四球を与え、これがその後に物議をかもし出すことになる。しかし、後になって考えてみれば、この五打席全敬遠という事実が、松井秀喜伝説を確固たるものにしていったことだけは間違いない。いくら、怪物松井であったとしても、もしかしたら打ち損じもあっただろう。けれど、敬遠四球ということがそのすべてを仮定の「たられば」にしてしまったのである。

つまり、映画『ゴジラ』で、本物がなかなか姿を見せないことで、緊迫感をあおっていくのと同様に、球界のゴジラも上陸して暴れないまま、「ゴジラはすごい」という伝説のみを残して甲子園を去っていったのである。とはいうものの、一年生夏から甲子園に登場している松井は、甲子園では三本の本塁打を放っているし、高校通算六〇本塁打という数字はただものではない。そして、二〇〇二年のシーズン終了後にはメジャーリーグ入りを宣言。ニューヨークヤンキースに入団して活躍。その後、怪我で苦しんだこともあったが石川県民にとっては、誰しもが自分のことのように誇る野球人となった。

帰国して引退宣言したが一三年には国民栄誉賞を受賞。石川県民としては全国に誇れるものが一つ増えたという思いであろう。

●小松辰雄以来、完全に中日文化圏が定着

ゴジラ出現の前から、星稜ではその予兆は何度も見られている。まずは、スピードガンの申し子と言われた小松辰雄（中日）を擁して甲子園に登場した七四（昭和四九）年夏である。石川県勢初のベスト４に進出して、「石川に星稜あり」を強く印象づけるとともに、小松自身もスピード王と言われた。小松はドラフト二位で中日入りするが、最多勝や沢村賞を獲得し、エースとして活躍した。これにより、石川県の野球ファンの多くが中日ファンになったとも言われている。これも、県人の活躍を自らの活躍として誇りに思う石川県人らしい傾向だろう。親会社である中日新聞の北陸進出にも貢献した。

そして、星稜が二度目に全国の注目を浴びたのが小松から三年後、今も球史に残る箕島《みのしま》

との死闘である。延長に入って二度までもリードしながら、その裏にことごとく本塁打で追いつかれ、延長一八回、ついにサヨナラ負けを喫するのだが、その戦いぶりは大いに賞賛された。まさに、星稜が完全に甲子園で全国区になった瞬間でもあった。

その後、星稜もライバル金沢を凌ぐ甲子園の常連校となっていった。ただ、甲子園ではもう一つ勝ちあがっていかないということで、いくらか県民の興味も薄れかかっていたところだった。

そんな折に、ゴジラの出現である。これで、再び石川県民の甲子園への興味が増幅したのである。

ゴジラ伝説は前述のとおりだが、実は松井が二年生で四番を打っていた九一年夏にはベスト4に進出している。そして、松井がプロ野球で活躍してゴジラ伝説の余波がまだ残っていた九五年夏に、星稜は山本省吾投手（慶大→近鉄→オリックス）で決勝進出。惜しくも優勝を逃したものの、星稜の存在感を十分に示した。石川県民の「北陸では野球は石川県が一番強い」というプライドを大いにくすぐった。

●目の離せない三すくみ状態に新勢力も続く石川県の高校野球

実は、ゴジラ発祥の地、金沢市を中心とした高校野球事情はその後ゆっくりと新しい波が訪れている。その最大のキーとなっているのは、星稜中の野球部で中学生を指導し、全国大会で何度も実績をつくっていた山本雅弘監督が遊学館《ゆうがくかん》に異動したことである。山本監督を慕って、多くの有力中学生が遊学館に進学するようになった。また、「遊学」というのは「広くふるさとを離れて勤《いそ》しみ学ぶ」という意味でもあり、学校の方針としても全国から生徒を受け入れ、遊学館は急速に県内の有力校となっていった。

遊学館がそれまで女子校として長い歴史をつくっていながら、共学化とともに野球部を強化し二年生と一年生ばかりで一気に甲子園出場、しかもいきなりベスト8進出ということで一大センセーションを巻き起こした。

これに刺激を受けたかのように、全国で女子校が共学化→野球部強化→甲子園出場という図式を目指す学校が増えてきた。遊学館がこのブームの先駆であったことも、石川県人のプライドを満足させるのに十分だった。

さらには、能登に、山梨県の強豪校・日本航空の系列校として、日本航空石川が設立された。やはり、学校の性質上全国から生徒を受け入れやすく、県内のファンの間では第四の勢力として注目されている。もともと、加賀温泉や和倉温泉があり、北陸の京都として観光都市の要素も強い石川県だけに、県外者に対しても歓迎ムードがあるので、野球留学生も気持ちよく野球に集中できる土壌なのだ。さらには、金沢学院東も元プロの金森栄治《かなもりえいじ》監督を招聘して強化に乗り出した。これで、星稜と金沢、遊学館の三すくみから、さらに、新勢力が加わっていくという形になってきた。

これに対し、小松市立、小松明峰《めいほう》、小松、小松工といった小松市内勢や金沢泉丘《いずみがおか》、金沢市工なども伝統があり、津幡《つばた》も含めていずれも公立の有力校である。

かつては電電北陸（NTT北陸）や西川物産といった社会人野球のチームも健闘していたが、企業の変遷で社会人野球の名門が姿を消したのは寂しい。また、北陸大学野球では地元期待の金沢学院大と高岡法科大があるが福井工大の後塵《こうじん》を拝している格好である。だから、県内の野球ファンの目は高校野球に、より注がれていくことになる。

福井

関西文化を受け入れやすい地理ながらも、独自の逞《たくま》しさを持つ

●隣接県などの影響を商才と真面目さで受け止める

地域的には関西文化圏と北陸の都・金沢のある石川県に挟まれて地味な印象はぬぐいきれない福井県。人口も少なく、産業的にもこれといったものがあるわけではなく、時に話題となるのは敦賀《つるが》の原子力発電問題くらいだ。関西に隣接していることが、産業文化、生活などあらゆる部分に影響を与えているのもまた確かだ。

福井県が舞台となった東映の実録映画『北陸代理戦争』（一九七七年・深作欣二監督作品）のラストシーンのナレーションが印象的である。

「俗に、北陸三県の気質を称して、越中強盗、加賀乞食、越前詐欺師と言うが、いずれも生きるためにはなりふりかまわず、手段を選ばぬ北陸独特の逞しさを表わすものである」

つまり、自分の目的のためにはどんなことでもするという逞しさを示しているのだが、なかんずく福井人は人を騙《だま》してでも、やり遂げるのだということである。つまり、それだ

けハングリーにして生命力が強いということを言っている。映画は、関西勢力の北陸進行に対して、地場のやくざが体を張って抵抗を示すというもので、「ここの土地は、ここのもんが守るんや」という強い意識も、福井の気質を如実に示していた。

そんな気質の土地から出ている著名人を拾ってみると、各界で非常にユニークな人物があげられる。日本を代表するエンターテイナーの五木ひろしを筆頭に、知性派俳優として渋い存在で、舞台演出なども手がけている大和田伸也。また、バレーボール全日本のスーパーエースを長く務めた中垣内祐一《なかがいちゆういち》（藤島→筑波大→新日鐵堺）、『サラダ記念日』で高校国語教師から、一気に有名歌人となった俵万智《たわらまち》もいる。八王子実践《はちおうじじっせん》へバレーボール留学し、全日本代表を経て、スポーツコメンテーターを務める一方で、下着販売会社の社長なども務めた三屋裕子《みつやゆうこ》（八王子実践→筑波大→日立→筑波大大学院）は福井県勝山《かつやま》の出身だ。

いずれにしても、地場というよりは、その地を離れて活躍していったというのが特徴でもある。真面目にして努力をしていくという姿勢と、そのためにはあえて厳しいことにも取り組んでいく逞しさが備わって、その成果が出ると独自の世界を見出していく存在になるということであろう。

●福井商が筆頭格として君臨し続けた高校野球

それでは、福井県の高校野球事情はどうかというと、かつては敦賀（当時敦賀商で四七年の学制改革で敦賀中と統合して現校名）が独壇場となっていた。ところが、戦後になって七〇年代あたりからは福井商の独壇場へと移る。それが、結果としては二十一世紀を過ぎても継続していったという状態である。

結局のところ福井県の高校野球は、福井商をリーダー格に、若狭《わかさ》や三国《みくに》、敦賀、大野といった各都市の公立勢が中心となって形作ってきた。そこに福井工大福井が絡んでいったという構図になる。そんなところに敦賀気比《けひ》が出てきて、突然旋風を巻き起こして革命児的な存在になったのである。敦賀気比は九四年にほとんど二年生というメンバーで福井大会初勝利を遂げると、そのまま甲子園にまで届いて初出場を果たす。さすがに甲子園では初戦で敗退したものの、その翌年も、ほぼ同じメンバーで登場して、三回戦では柳川に延長一五回の末、競り勝つなどしてベスト4に進出している。その二年後にも、三上真司（ヤクルト）や東出輝裕《ひがしであきひろ》（広島）らがいてベスト8に進出している。読売のエース格に成長した内海《うつみ》哲也も敦賀気比の出身だ。

もっとも、敦賀気比の場合は京都や大阪のボーイズリーグ出身選手が多く、福井県民というよりは、「福井住民」と言ったほうがいいのだろう。もっとも、これも京都・大阪に近く関西文化を受け入れやすいという地理的影響もあることは確かである。そんな関西人のしたたかさを刺激剤として、東出のように鯖江《さばえ》ボーイズなど、県内のチームで育ってきた選手たちが、「福井の野球は、福井のモンで支えんと」という意識で頑張って、より強い結束を生んできた。さらに、福井工大福井は男子バレーボールの日本代表エースとして活躍し監督も務めた荻野正二《まさじ》や、サウスポーエースの清水邦広などを輩出しスポーツの盛んな学校である。地場に根ざしながら再び強化され浮上してきた。近年は女子硬式野球部も発足させた。

いずれにしても、福井商の人気は県内一番であり、伝統もある。福井人らしい粘り強さと逞しさとなりふり構わない芯の強さが伝統となっている。その福井商を六八（昭和四三）年から四二年間指導し続けた北野尚文監督が一〇年に勇退。福井県の高校野球の構図が少し変化しそうな気配もある。

●北陸リーグの雄・福井工業大の存在も忘れてはいけない

高校野球では福井工大福井や敦賀気比、さらには北陸などがどこまで福井商を超えられるかも興味深いところである。ところで、福井工大福井は系列校の福井工業大が高校に隣接している。北陸大学野球連盟の盟主ともいえる存在で全日本大学野球選手権の常連である。東北福祉大を凌いで最多出場を誇っている。「北陸の福井から日本一へ」という思いで大学選手権に挑んでいる。

九四年の選手権では明治大を下してベスト4に進出したこともあるが、それが最高成績となっている。大学野球地方躍進の時代となって、東北福祉大を筆頭に、東亜大や八戸大（現八戸学院大）といったところが上位に進出して全国に存在をアピールしているだけに、むしろ地方大学野球の老舗としての実績を示したいところであろう。

大学だけに、より門戸は広いが、やはり県内の高校出身者も多い。ここでも、北陸独特の粘り強さと逞しさを発揮しているといえようか。

第四章

東海編

静岡

日本野球の原点の地としての誇りを活かしてほしい

●マーケティングサンプルとしてのモデルケースも多い静岡県

江戸時代から多くの人が行き来をした東海道のメインストリートに位置する静岡県である。旅人に対しても温かく接することにも慣れているだろうし、人当たりがよく、いささかのんびりとしているというのが特徴の一つだ。

また、一般的日本人の中庸ということでいえば、静岡県がもっとも近いということも言われている。そんなことも影響しているのだろうか、広告会社のマーケティング担当の人によると、新製品のテストマーケットや新しいデザインの告知などは静岡県で行なうことが多いという。また、通信販売や通信教育のテストや試作も静岡新聞紙上で行なうことが多い。これは、静岡新聞での紙上テストが広告費用対効果を測るのに適しているといったことが大きいのであろう。

それに、気候的にも温暖なので生活しやすいということもある。地理的にも、東京と名古屋のちょうど中間にある。だから、意識としても、首都圏的な部分と地方都市としての自覚とが、うまい具合に共存していくことができるようになっているのだ。

東西に長い静岡県は、大きく三つの地区に分かれている。沼津、三島の東部地区と、静岡市が中心の中部地区、浜松市が中心の西部地区である。

この中でも、西部地区と東部地区の文化的な差異はかなり明確になっている。その境界線が大井川になるのだが、西部地区は確実に東海文化圏である。言葉も名古屋弁に近いものがあり、新聞も中日新聞がかなり普及しているし、駅売りでは中日スポーツも比較的よく売れる。それだけ中日ファンが多いのだ。

これに対して、中部地区は県の中心という意識はあるのだが、文化意識はきわめて一般的である。つまり、自然の成り行きに任せるかのような、のんびりおっとりしたところがあり、このあたりがマーケティング調査に適しているのかもしれない。ただ、自己顕示欲が少なく、誰とでも仲良くしていこうという社交性や、「まあいいんじゃない」というところが、逆に、意欲がないということで誤解を招くこともある。典型的な静岡人としては、さくらももこの『ちびまる子ちゃん』をイメージすれば、非常にわかりやすいだろう。

それが、東部になると三島地区の工業地帯を抱えているかと思えば、伊豆半島のようなのどかな観光地域を持っており、やや独立した意識も強くなる。とはいえ、基本的な静岡人の持つ、のんびりした開放感は否めない。

こうしてみると、静岡県は対外的にはいい人だらけということになる。果たして警察が必要なのだろうかと思うくらいなのだが、「振り込め詐欺」の犯罪が他県よりも多いとも言われている。これも納得がいくことだ。いい人が多いので、疑うことなくついつい人を信じてしまうので、そこにつけ込んだ悪いヤツがよそから電話をしているに違いない。

●サッカー王国として名高い土地だが野球も盛ん

静岡県というと、埼玉県と並んでサッカー県というイメージが非常に強い。確かに、県庁所在地の静岡市が旧清水市を含めて拡大統合したことによって清水エスパルスを傘下として、日本平《にほんだいら》にスタジアムもある。そこからわずかに西へ向かうとジュビロ磐田《いわた》があり、Jリーグのチームの中でも上位で有力チームと言われているところが並んで存在しているのは大きい。いわゆる、「静岡ダービー」も質が高い。もちろん、高校サッカーでも清水東、清水商を筆頭に藤枝東、静岡学園など全国大会でも上位の常連と言われるような学校が目白押しだ。

それだけに、静岡県はサッカー王国という印象を強く受ける。ところが、戦前から高校野球の有力校も多く、レベルの高い東海地区で愛知県勢と競い合ってきた歴史もある。静岡中（現静岡高）と静岡商、島田商がいわゆる「三強」として甲子園出場を争っていた。戦後になっても、静岡高と静岡商はライバルであり続けレベルアップを果たしてきた。この両校の対決は「静岡の早慶戦」として人気が高く、毎年四月下旬には伝統の定期戦が行なわれている。県大会とはまた別の意味で、この試合の意義を高いものととらえているファンも多い。

県内一番の進学校でもある静岡高は地元では「静高（シズコウ）」と呼ばれる。これに対して静岡商は商店街などの人気が高い庶民派ということだが「静商（セイショウ）」と呼ばれ、ユニフォームの胸文字も「ＳＥＩＳＨＯ」と書かれている。ホワイトカラー人気の静高に対してブルーカラー人気の静商とも言われ、この定期戦は応援団も加わり、大変な盛りあがりを見せており、静岡県の野球の原点だ。

というのも、そのきっかけは一九三〇（昭和五）年に天皇陛下が静岡市内を視察して回った際に、ちょうど静岡中のグラウンドで対静岡商との試合が行なわれており、その試合を昭和天皇が観戦したことによる。この偶然の天覧試合が両校に定期戦にしようという意識をつくったのである。そんなこともあって、基本的には昭和天皇の誕生日である四月二九日に行なわれることになった。

こうしてみると、静岡県にとってはサッカーもさることながら、野球の存在意義は高い。県内ではそれにならって対抗戦・定期戦が多いのも特徴だ。これは、やはり気候温暖という自然条件に恵まれていることも大きいし、いさかいの少ない静岡県人に闘争意識を育《はぐく》むためとも言えるのかもしれない。

●草薙《くさなぎ》球場こそ日本野球の原点と言ってもいいもの

静岡県の高校野球のメッカは静岡市内の草薙運動公園にある野球場だ。「静高・静商定期戦」の行なわれる球場でもある。しかし、それ以上にこの球場は日本の野球にとって、今日の繁栄をもたらす要因となった貴重な場だったと言える。

静岡中グラウンドで天覧試合が行なわれた年から四年後の一九三四（昭和九）年一一月二〇日に全日本チームが、ベーブルースやゲーリックなどの全米オールスターと草薙球場で対戦している。試合には負けたものの、伝説の名投手・沢村栄治が好投し最強打線を一失点に抑えたのだ。

この沢村の好投は日本人に、「野球は面白い、日本人も野球は強い」という意識をつくりあげるのに十分だった。もし、ここで滅多打ちにあっていたら、やっぱり日本人の野球は駄目だということになってしまっていたはずだ。それだけに、体の大きなアメリカの本場のチームと対等に戦った意味は大きかった。この好投が、やがてアメリカ遠征につながり、さらには日本のプロ野球チーム結成への大きな原動力になっていたことは間違いない。つまり、日本の野球史にとっても大きなターニングポイントとなった試合だったのである。

この静岡県の野球場で沢村栄治の一世一代の好投があったからこそ、日本でも野球が「見るスポーツ」としてここまで繁栄できたのである。その意味では、静岡県は日本の野球の歴史を背負っているのであり、野球が普及していく原点でもあるのだ。

それを考えると、二〇〇七～〇八年にヤンキースばりのピンストライプのユニフォームで甲子園を席巻して優勝、準優勝を果たした常《とこ》葉《は》菊川《きくがわ》の活躍も、あのユニフォームあってこそのものかとも思える。徹底した攻撃野球は陽気で明るく高校野球の意識改革を与えるくらいに刺激的なものだった。

●都市対抗野球は静岡で勝ちあがるほうが難しかった

静岡県にはプロ野球の球団がない。それでも、毎年プロ野球の公式戦は何試合か確実に組まれている。草薙球場や浜松球場で中日や横浜の主催試合が開催されるのは、やはり野球の原点の地への敬意であろうか。それに、前述のように西部地区の浜松は意識としてはかなり名古屋寄りでもあり、中日の人気も高いからということもあろう。「中スポ（中日スポーツ）」という言葉も日常の中でフツーに存在している。いわゆる、中スポ文化圏でもある土地だ。

プロ野球の本拠地がない分、社会人野球は大いに栄えた。とくに、日本の高度成長時代の中で、大手企業が積極的に会社に社会人野球チームを保持していた六〇年代から七〇年代にかけては、都市対抗野球も盛んだったが、その予選では静岡県は神奈川県と並び、もっとも活況を呈していた。浜松市に日本楽器（ヤマハ）と河合楽器があり、さらには東部地区の富士市に大昭和製紙が君臨した。七〇（昭和四五）年に大昭和製紙が、七二年に日本楽器がそれぞれ都市対抗で優勝した頃は、静岡県の社会人野球は頂点を極めていた。大昭和製紙は八〇（昭和五五）年にも優勝を果たすなど都合三度の日本一に輝き、栄光を極めている。日本楽器も、創業一〇〇周年となった八七（昭和六二）年、ヤマハと社名変更した年に二度目の優勝をし、九〇年にも三度目の優勝を果たしている。

社会人野球の場合、選手は全国から獲得しているので必ずしも地元優先という形ではない。しかし、七二（昭和四七）年の日本楽器はエースの池谷公二郎《いけがやこうじろう》（静岡商→金指造船《かなさし》→日本楽器→広島）は、地元の出身でもあり、より人気を博した。見のんびりした風貌《ふうぼう》はまさに静岡人のそれではあるが、都市対抗での優勝で評価を得て、七二年のドラフトで一位指名され、シーズン終了後、会社に恩を返してプロ入りしている。指名されて即プロ入りとしないところも、静岡県人らしい気遣いが垣間《かいま》見られるのだ。

いずれにしても、当時は静岡県の社会人野球のレベルは高く、県民も社会人野球に対しての意識が高かった。ただ、残念なことに近年は、社会的な不況もあり、企業チームはヤマハのみとなってしまった。名門・大昭和製紙が九三年の都市対抗出場を最後に休部。二〇〇一年に悲願の全国制覇を果たした河合楽器も、皮肉にもその直後に休部してしまう。

かつては静岡代表として独立していたものが、クラブチームを含めて東海地区に組み込まれて代表を争うことになったのは寂《さび》しい限りだ。それでも、めげずにプラス思考でクラブチームが健闘しているのは、静岡人的明るさのおかげかもしれない。

愛知

地場完結の圧倒的保守性の中で、野球王国としての自負は強い

●ドラゴンズ筆頭に中日新聞とトヨタ自動車に名鉄が地場の誇りだで

野球は中日ドラゴンズ、新聞は中日新聞、電車は名鉄、百貨店は松坂屋。車はトヨタで予備校は河合塾、大学は名古屋大学（地元では名大＝メイダイ）、代表する企業は中部電力。さらに、かつて金融は東海銀行と決まっていた。これらを総じて愛知の七大独占とも八大独占とも言っていた。

この現象に象徴されるように、愛知県人は地元を愛し、地元で完結していくことをよしとする保守性が強い。地場産業のシェアが圧倒的に強く、そのことを大事としていく意識はハンパでない。そして、それらはすべて愛知県人の誇りなのだ。

だから、車を購入する際にも「安全だで、トヨタにしときゃー」ということになる。新聞は中日新聞以外を取っていると、「あの人はインテリぶって朝日新聞とっとるがね」と言われ、贈答品は松坂屋の包装紙で包んであると、「まぁ、ええもんもらったねぇ。松坂

屋だで、気張ってくれたでないの」ということになる。

極めつきは大学進学だ。優秀な生徒を何人名大に送り込んでいるのかということがそのまま高校の評価につながる。だから、高校の進路指導の先生も成績のいい生徒に対してはしきりに名大の受験を勧める。親もそれにしたがって、ほかの国立大を受験しようとすると、「そんなとこ受けんで、名大にしときゃー。受かったら車買ったげるで」といった具合である。東大か京大を受けたいという生徒に対しても、「無理せんでも、名大でもええがね」ということになる。

この傾向と意識の根底は、戦国時代にまでさかのぼることになる。何しろ、尾張《おわり》を中心に天下人が何人もいたのだ。とくに三大英傑と言われる織田信長、豊臣秀吉、徳川家康はそれぞれの特徴も含めて、愛知県の代表格であることは言うまでもない。

中でも、一番人気があるのは織田信長だ。やはり、最初に天下を取ったというところと、どうも典型的な名古屋弁を話していたらしく、「たわけ」「何やっとる」が口癖だったとも言われている。これは、誰かに似ていないかと思ったら、岡山県の倉敷市出身ながら、いち早く名古屋市民の支持を得た星野仙一監督にダブる。星野監督が、違和感なく名古屋に溶け込んでいたのは、ドラフトの際に第一志望の読売にそっぽを向かれて、中日から指名を受けたことを意気に感じ、以降「打倒巨人」を心に誓い、燃える男として反骨精神を示し続け、中央権力に反発してきたからだ。そして、いつか天下人になるというその強い気持ちを、愛知県人が支持したからである。

もっとも、星野監督はその思いを伊達政宗の仙台で果たして天下人となったのだが。

●名古屋の街を活気づけるには、中日が強なけなイカンわぁ

名古屋でタクシーに乗ってラジオで野球放送がかかっているときに、「今日はアカンわぁ、打たれとる」と言った場合、間違いなく中日の投手が打たれていることをさす。もちろん、名古屋市内のタクシーの運転手は「名タク」「つばめ」に限らず、乗客は皆中日ファンと決め込んでいるのだ。乗客が、「今日は、誰ぇ?」と聞くと、中日の先発投手は誰かということを聞いていることになる。

名古屋の景気は中日の成績に左右されるとも言われている。愛知県の独占企業であり、文化の中でも野球の占める割合は高く、中日が勝つと負けるとでは、商談の進み方が違うのは当然のこととなっている。

愛知県は地理的には、東海道の真ん中のようで、実はかなり関西寄りである。しかし、

愛知県人は関西だと思われることに対しては非常に嫌がる。それは、愛知県は独自の文化圏であるという誇りがあるからだ。それが、きしめんを筆頭に味噌《みそ》カツ、天むす、ういろうというような独自の名物が多いことにも関係している。だから、早くから地場のチームとしてドラゴンズがあったことは愛知県人の大きなプライドでもある。

名古屋市は東京、大阪に続く第三の都市という位置づけになるのだが、こと勝負事に関しては負けん気が強い。かつては天下を取った人物を立て続けに三人も出している自負からも「簡単に負けとってはいかんがや」ということになる。

とくに、関東に対しては関西人に負けないくらいに対抗意識がある。だから、一九三六（昭和一一）年のプロ野球創設時にすかさず名古屋軍と名古屋金鯱《きんこ》が誕生した。名古屋軍がやがて中部日本から中日ドラゴンズとなっていくのだが、五〇（昭和二五）年の二リーグ分裂時代には完全に名古屋ドラゴンズ（やがて中日ドラゴンズとなり、今日に至る）が名古屋のプロ野球チームということとなった。地元意識の強い愛知県人には、この時代からのドラゴンズファンという人も多い。

「巨人・阪神」戦が伝統の一戦、黄金カードと言われていた六〇年代には完全にナンバー3の立場だった。そのことが、愛知県人としては納得する部分と、悔しい部分が同居していたはずである。しかし、昭和四〇年代に優勝し続けていた読売ジャイアンツの一〇連覇を阻止したのが、中日だったということで、愛知県人の対東京コンプレックスは一部拭《ぬぐ》い去ることができた。しかも、前年に阪神が最終戦で敗れて結局読売に優勝を献上する羽目になっただけに、愛知県人としては関西よりも上にいったという気分にもなれた。

現在では、中日が読売に対しての最大のライバルというニュアンスが強くなっている。実はそれは、親会社の販売合戦にも端を発している。だから中日ファンは「巨人」というよりは「読売」という名でジャイアンツのことを言う。

●強烈な地元志向は保守性を育み、地場での完全燃焼を目指す

七四（昭和四九）年は二〇年ぶりのリーグ優勝で名古屋の街が盛りあがっていたが、その余韻冷めやらぬ一一月、読売新聞は創刊一〇〇周年の記念事業の目玉として名古屋進出を打ち出した。「コーヒー三杯で一ヵ月」という呼び込みで、「中部読売新聞」を翌春の三月二五日から創刊することを発表した。新聞の一ヵ月分の料金が五〇〇円程度ということを最大の売りとして挑んできたのだった。

東京資本の読売新聞としては、シェア拡大を攻めあぐんでいた愛知県に対しての策とし

て「愛知県人はケチだから、安ければ読売を取るだろう」という発想もあったであろう。東海県だけで、八〇%近いシェアを獲得している中日新聞が、ブロック紙でありながら、中央紙以上の信頼感を得ているのである。その市場に対して、読売としてもわざわざ「中部」とつけて地元感をあおった作戦にでたのだ。ところが、これが愛知県人の心情を逆なでした。「たわけ！　何でオレが敵の新聞を取らないかんだぁ」となり、より中日新聞に対しての愛着を生むことになった。さらに、地元では市内の記者クラブにも中部読売は入れないくらい反感を持たれていた。夕刊紙の名古屋タイムスが記者クラブに席を持っているのに……である。それだけ、読売に対して嫌悪感を露骨に示したのは、愛知県人のプライドを刺激したからである。つまり、倹約家でケチという愛知県人のイメージにのみ囚《とら》われてしまったからで、それ以上に強い地元愛があることをなおざりにしてしまった結果でもあったのだ。

　このあたりが引き金になって、今や中日ファンは「アンチ巨人度」のもっとも高い野球ファンとなっている。読売が、山倉和博《やまくらかずひろ》（東邦→早大→読売）や槙原寛己《まきはらひろみ》（大府《おおぶ》→読売）、後藤孝志《ごとうこうじ》（中京→読売）と愛知県出身の好選手を獲得していくことが、さらに反発を抱かせた。

こうして愛知県の中日文化はますます成熟していき、織田信長に酷似する星野仙一監督の就任によって成熟期を迎えることになる。

星野監督が勇退して阪神へ移ったときに、中日ファンは複雑な思いになったが、思えば、豊臣秀吉も大坂城を築き、関西へ向かったこともあった。そのことを考えれば、気持ちとしては十分に許せたはずだろう。

代わって中日では、外様の山田久志、落合博満が監督に就く。二〇〇四年に落合監督の「オレ流采配」で優勝するのだが、星野監督時代ほど地元が盛りあがらなかった。その後も落合政権下で結果は残しながらも思ったほど人気は上がらなかった。落合にはどこか三大英傑で一番人気のない徳川家康を思わせる部分もあるからだ。

そんなこともあり、四度も優勝して日本一にもなったものの八年で契約切れとなった。そして岐阜ながら地元生え抜き感の強い高木守道を再度迎えたり、外様の谷繁元信を兼任監督に据えるなど監督人事面の苦悩が続いている。

●四三年ぶりの夏の優勝、中京大中京として輝いた〇九年夏

中等学校野球時代から、愛知県は非常にレベルが高い。一九一七（大正六）年の第三回

大会で愛知一中（現旭丘）が全国制覇を果たすが、圧巻は中京商（現中京大中京）である。大正時代はほとんど愛知一中の独走が続くが、三一年に中京商は春に初めて甲子園出場を果たすと、いきなり準優勝。夏には初出場初優勝を果たす。そして、これが球史に残る栄光の三連覇のはじまりとなるのだ。明石《あかし》中との延長二五回の死闘などを演じながら、中京商は吉田正男投手（中京商→明大→岐阜大日本土木）が中心となって前人未到の三年連続優勝を果たす。これは、今日までも破られておらず、おそらく不滅の記録になるであろう。

三八年夏にも中京商は全国制覇を果たすが、歴史を見ると結局、戦前の夏の甲子園は負け知らずで中京商が歴史を飾る。つまり、出場すれば優勝という図式だったのだ。

中京商の黄金時代は戦後にも訪れる。五四（昭和二九）年夏、五六年春にも優勝。五八年春は準優勝どまりだったが、翌春に優勝。この頃が第二期黄金時代だろう。そして、三度目の黄金期は六六（昭和四一）年に春夏連覇という形で完結させる。まさに、応援歌にもあるように「天下の中京」の存在を世間に見せつけたことになる。

その中京商が翌年、校名変更で中京となる。さらに、学校の方針により、九五年から中京大中京となり大学の付属色が強くなった。かつてのゴツいイメージが払拭されたのだが、校名変更から二年後の春に甲子園出場。スイスイと勝ちあがって準優勝を果たし、「どっこい中京は生きている」ということを示した。愛知県の高校野球としては比較的低迷期でもあった頃だけに「やっぱり、中京が出なあかんて」と、多くの愛知県の高校野球関係者やファンにも、改めて中京の威力を知らしめた。

そして〇九年夏には堂林《どうばやし》翔太《しょうた》投手（広島）を擁して、新校名の中京大中京として夏の全国制覇を果たした。愛知県人としては本当に、待ちに待った久しぶりの夏の全国制覇だった。スマートでスッキリしたイメージとなったニュー中京としての全国制覇だった。しかし、愛知県の野球ファンは、「やっぱり愛知県の野球は中京が一番強なけないかん」という気持ちを再認識させるものとなった。

その中京大中京のライバルとして東邦が存在している。戦前からライバル関係は継続されているが、全国での実績では東邦は一歩中京に譲らざるを得ない。それでも全国で春の優勝四回、準優勝二回、夏も準優勝一回という数字は並大抵ではない。六七（昭和四二）年から三八年間一貫して指導していた阪口慶三監督（現大垣《おおがき》日大監督）が〇四年夏を最後に勇退したが、「愛知県の高校野球は、中京が飛びぬけて強く、それをウチや名電が追いかけるというのが理想」と語っていたのは愛知の野球人としての本音だろう。

ライバルとして東邦とともに中京を追いかけていたのが、愛工大名電だ。名古屋電気工から名古屋電気、愛工大名電と校名変更を重ねるごとに進化し、〇四年春に初めて甲子園で準優勝、翌春には悲願の全国制覇を果たした。イチロー（愛工大名電→オリックス→マリナーズ→ヤンキース）の出身校として知られているが、工藤公康、山﨑武司などの大物スター選手も輩出している。今後も東邦、中京大中京と競い合うだろう。

●愛知県の保守性を守りつつも至学館《しがくかん》や豊川など新しい顔ぶれも躍進

甲子園では全国最多の勝ち星を誇っている輝かしい歴史を持つ愛知県の高校野球だ。そのリーダーは前述のように中京大中京だが、それを東邦が追いかけるという構図は昭和初期から変わっていない。戦前は、これに享栄商（現享栄）と愛知商（現瑞陵《ずいりょう》）が追随して「愛知四商」と呼ばれ、県内はもちろん、東海地区でも恐れられた。戦後になって学制改革で公立の愛知商は瑞陵に移管されるなどの変化があった。代わって登場したのが愛工大名電だった。「愛知四商」は「市内私学四強」となったが、中京、東邦、名電、享栄の四校が年によっては多少の力関係を変えつつも競い合う構図はほとんど変わっていない。ここに愛知県の保守性が如実に表われている。

しかし、そういう中からも新しい勢力も台頭してきている。中京女子大附から共学校となり校名変更した至学館が創部六年目の一一年に初出場。さらに一四年春には豊川が創部以来、苦節六八年目で初出場を果たすと、一気にベスト4にまで進出をして脚光を浴びた。豊川はこれまでも、ギャオス内藤といわれた内藤尚行（ヤクルト）や白井康勝（日ハム→広島→ヤクルト）、ソフトバンクの貴重な左腕となった森福允彦など、多くのプロ野球選手を輩出していた。ところで、この両校の指揮官はいずれも中京の出身者である。根っこには「中京野球」が根ざしているということも改めて示した形になった。

これに愛知啓成《けいせい》や弥富《やとみ》から校名変更した愛知黎明《れいめい》、愛産大三河ら過去に甲子園出場経験があるところも刺激を受けている。公立勢では、もっとも実績のある大府をはじめ豊田西やヤクルトの小川泰弘を輩出した成章《せいしょう》、県内有数の進学校刈谷《かりや》といったところも健闘している。いずれにしても野球王国・愛知としてのプライドは変わっていない。

独自の運営でプライドを維持している愛知大学野球リーグも愛知県らしい存在だ。老舗中京大は近年、むしろ浅田真央や村上佳奈子の活躍でフィギュアの方で目立っているが、愛知学院大に名城《めいじょう》大、愛知大、中部大、名古屋商科大、愛知工業大に加えて、日本福祉大、愛知産業大、東海学園大などの新規勢力も台頭してくるようになってきた。

地場完結が基本の愛知県人だけに、大学野球の底辺の広がりも期待できる。地場完結の逸材としては岩瀬仁紀《ひとき》（西尾《にしお》東→愛知大→NTT東海→中日）がいるが、浅尾拓也（常滑《とこなめ》北→日本福祉大→中日）、山内壮馬《そうま》（杜若《とじやく》→名城大→中日）や祖父江《そぶえ》人輔（愛知→愛知大→トヨタ自動車→中日）もその道を歩み始めている。

不況下で休部や廃部も多い社会人野球だが、トヨタ自動車や工子、東邦ガスに三菱重工名古屋、三菱自動車岡崎など企業チームが多く維持されているのも、地場に根差した形を大事にする愛知県の特徴と言えよう。ユニークなところでは、県内を中心とした焼き鳥チェーン店のジェイプロジェクトも〇九年に創部した。三年目の一二年に都市対抗に初出場を果たして話題にもなった。

岐阜

職人を生み出す気質は、関《せき》の刀工《とうこう》と鵜匠《うしょう》の心意気か

●国盗り物語の斎藤道三《どうさん》もおるけど、職人気質が強いもんでねぇ

岐阜県は比較的面積もあり、大きくは飛騨地区と美濃地区に分かれるが、濃尾《のうび》平野にかかる飛騨地区は文化的な意識は非常に名古屋に近い。名古屋駅からは名鉄でもJRでも三〇分足らずで岐阜駅に到着する。だから、意識としては完全に名古屋文化圏なのである。実際、言葉もほとんど名古屋弁に近く、尾張というのは岐阜市をひっくるめてそう言うのかと思ってしまうくらいに、擬似名古屋市的だ。実際には、尾張に対して美濃ということになるのだが、美濃の尾張化は当時からあったようだ。

歴史的には、戦国時代に尾張に織田信長がいた頃に、美濃には斎藤道三がおり、やはり天下盗りに色気を示していた。ただし結局、志《こころざし》半ばで敗れてしまう。しかし、戦国時代の天下統一のための一人のキーマンとなっていたことは確かである。京との間に関ヶ原があり、やがてそこが天下分け目の決戦の場となっていくのだが、地形的に木曾川と長良川

で守られる形になっていることで、自分たちの場所に対する防衛の意識は自然と高くなっていった。

それは、岐阜県と三重県の県境にある輪中《わじゅう》にも見られる。川の中に独立した自分たちの街という存在によってより意識づけられたとも言われている。実は、岐阜県も海に接していない県で、山に囲まれた土地という要素も強く、街がそれぞれの中で文化産業を生み出してもいる。飛騨高山の観光文化はもちろんのこと、郡上八幡《ぐじょうはちまん》の延々と続く盆踊り、関市の刀工、多治見の焼き物、長良川の鵜飼いの鵜匠などそれぞれが職人を生み出し、文化を成立させている。

そんな職人の流れを完璧に汲《く》んだ野球人としては、中日でいぶし銀の輝きを見せ、名人の異名をとった高木守道（県岐商→中日）がいる。また、決してスピードがあるわけではないのに、阪急一筋の二〇年間で二〇勝を四度もマークした梶本隆夫もいる。通算二五四勝二五五敗と五〇〇に至る勝ち負けが一つ差というのもまた職人芸だろう。

❷県岐商が復活してきたことで岐阜県の高校野球が活性化

岐阜県の高校野球のメイン会場でもある長良川スタジアムは、旧岐阜県営球場時代から金華山《きんか》を見あげる長良川べりにあった。つまり、『国盗り物語』の斎藤道三の岐阜城を仰ぎ見ることができるロケーションなのだ。そのお膝元の岐阜商が文字通り天下をとったのは戦前に春三回、夏一回で戦後はついに全国制覇がないまま今日に至っている。そして、それがそのまま岐阜県の高校野球の全国的な位置づけでもある。

一九七〇年代を過ぎたあたりから、岐阜県の高校野球はガクッと上位進出がなくなっていく。わずかに湯口敏彦（岐阜短期大付属→読売）がいたときに岐阜短期大付属が七〇（昭和四五）年にベスト4に進出しているにとどまっている。つまり、岐阜県の野球は戦前は全国でもトップレベルだったものの、戦後は徐々に他県に押されてきた。そしてそれは、そのまま岐阜商の苦悩にもつながっていく。

岐阜商は市立岐阜商の設立により、区別する意味で従来の岐阜商を県岐商と呼ぶようになった。女子マラソンの金メダリストの高橋尚子の母校でもある。実は、高橋尚子と中日の中核を担っている和田一浩（県岐商→東北福祉大→神戸製鋼→西武→中日）は県岐商時代の同級生である。余談ではあるが、童顔の高橋と頭もかなり薄くなってきた和田とが同じ年齢で一緒の学校に学んでいたというのは奇妙な違和感がある。高橋がシドニー五輪で金メダルに輝きマスコミにもてはやされていた頃、和田はポツンと、「高校時代はボクのほうが、学校では有名だったんですけれどもね」と言ったのは、やはり県岐商が野球をメインとしている学校であるということも認識させられる。

その県岐商は、岐阜城北でベスト4という実績をつくった藤田明宏監督を最後の切り札として招聘《しょうへい》して〇九年夏、久しぶりに進撃を続けてベスト4に残った。そして、これを機に県岐商は見事に復活を遂げてきている。

今や県内では、東邦を勇退した阪口慶三監督を招聘して躍進した大垣日大との対決構図となっている。大垣日大は〇七年に大躍進して春は準優勝、夏もベスト8に進出して一躍全国区となった。

●愛知県の影響を受けながら発展していった構図は高校野球にも表われる

大垣日大にも見られるように、岐阜県は愛知県の影響を受けながら発展してきたという歴史もある。瑞浪《みずなみ》市にある中京も、学校法人は傍系となるが本家である梅村学園の中京大中京の校名変更の影響を受けて、岐阜中京から中京商となり再び中京に戻すということになった。こうした形で愛知県の影響を受けながら自分たちも発展していくのだ。その一方で、愛知県人同様に排他的な要素も強い。それは、金華山の山頂近くに城を築いた斎藤道三のように、他をなかなか寄せ付けないぞという意識の表れでもある。だから、愛知県に準じた中京文化圏は大事に守っていこうという意識も強い。現実に岐阜市内は中日新聞文化圏でもあり、圧倒的に中日ファンが多い。中日ドラゴンズに対しての熱狂度はむしろ、愛知県人よりあるくらいかもしれない。それだけ、擬似愛知なのだ。

ことほどさように愛知県に追随した形となっている岐阜県である。高校野球でも県岐商が中京、東邦を追随しながら自分たちの実績をあげていった。かといって無理にそれを超えずという立場を心得ていた。それは、天下を狙っていながら、ついぞ天下人たり得なかった斎藤道三のようでもある。

大垣日大も愛知県の影響を受けて強くなり、中京も然《しか》りである。ところで、愛知県の高校野球関係者の中には、中京大中京と区別する意味で岐阜の中京のことを「ミズナミ」と呼ぶ人もいる。

また、六〇（昭和三五）年の創部以来東海地方の社会人野球をリードし続けているのが大垣市の西濃《せいのう》運輸である。東海代表の一番手として圧倒的な存在だった時代もあった。しかし、全国制覇ということでいえば、日本選手権では3回優勝しているトヨタ自動車や新日鐵名古屋（現新日鐵住金東海ＲＥＸ）に都市対抗では王子製紙春日井（現王子）など愛知県勢に先を越されている。このあたりにも、いかにも岐阜県らしさを感じさせる。今でこそ選手は全国各地から獲得しているが、かつては東海地区の精鋭が多く、とくに愛知県の選手が多く存在していた。もちろん、その分尾張の匂いを十分に残すチームでもある。

このように、美濃地方は尾張の影響がきわめて強い。それに対して長野県の続きのような印象を与える飛驒地方は意識としては教育県の評判が高い長野県と非常によく似ている。フジテレビのドラマとして人気を博した『白線流し』の舞台は長野県だが、そのルーツは実は岐阜県の飛驒高校である。テレビドラマで違和感なく映るのは、飛驒と長野の高原の青春のイメージが合致しているからであろうか。

同じ岐阜県人でも、美濃と飛驒とではまったく異なる。飛驒高山は女工哀史の『あゝ野麦峠』の舞台でもあるわけで、耐え忍ぶという雪国特有の粘り強さや我慢強さがある。また、中津川あたりになるとまた甲信越の匂いもある。夜明け前スタジアムと命名された野球場もあるが、これは島崎藤村の『夜明け前』からの名付けである。

このあたりは、同じ岐阜県でも県民性には違いが出てきているのだが、実はそうした部分を融合していくのも岐阜県の特徴なのかもしれない。

三重

伊勢神宮の神の思《おぼ》し召しもあるが、意識は名古屋で言葉は関西

●協調性と楽天主義的なところと高い依存度が融合

伊勢神宮と真珠と鈴鹿サーキットが三重県の三大自慢とも言われている。これにさらに赤福餅と松阪牛に伊賀忍者が加わると六大自慢ということになる。言葉は関西弁なのに、食生活と文化意識はきわめて名古屋寄りである。ところが、金融は名古屋の圧倒的なメインバンクだった東海銀行（現東京三菱ＵＦＪ銀行）時代から、愛知県との接触濃度の割にはその支店が少なかった。だから、主要都市の四日市でも東京三菱ＵＦＪ銀行のキャッシュコーナーを発見するのに比較的苦労するというのが現状である。

そうかと思うと、中日スポーツの人気は高く、中日ファンも多い。地元三重のローカル局である三重テレビでは早くから「リレーナイター」と称して、東海テレビでの放映時間を過ぎた中日の試合を引き続き放映して、好評を得ていた。関西文化と名古屋文化とが巧みに融合しているようで、実はバラバラのようでもある。立場としては、「一体どっちな

んや」と言いたくなるような、わからなさが内在している。

だからこそ、独自の文化が発達しやすかったとも言えるのだ。そんな土地柄だから、県民性としても、基本的には協調性があり、人の意見をきちんと聞くという姿勢を保つ。概《おおむ》ね対外的な評価も悪くはない。意識としては、「すんません、関西なんか東海なんか、自分らもようわからんのですわ」という遠慮があり、いろいろな文化を受け入れやすいという面もあるかもしれない。

それに、桑名藩は肥沃な濃尾平野の恩恵にもあずかり、食に恵まれたこともあって、ガツガツしたところがなく、何でも「よっしゃー、ええやろう」という開放的というか楽天的なところがあった。その一方で、関西や名古屋の文化に頼ってきたように依存度も高い。それが、全県にさりげなく及んでいるとも言えよう。そういう意味では、植木等が三重県出身というのは、かつてのサラリーマン映画の「そのうちなんとかならぁ」という楽天主義は、案外役柄の設定だけではなかったのかもしれない。

●三重県人は名古屋的関西人で中日がお好き？

三重県人にとっての野球娯楽は文化意識からいっても、やはり中日である。だから、

「お前、どこのモンや?」と、問われると、「名古屋的関西人だがね」というワケのわからない答えをせざるを得ないのである。

実際には、近鉄沿線において発展しているのだから近鉄ファンがもっといてもよかったのだろうが、結果的に三重県人の近鉄ファンにはめったにお目にかからなかった。これは、やはり、天皇家が新婚旅行をする場所でもある伊勢神宮を抱えていることによって東京＝巨人を意識し、名古屋が近いことで中日を意識し、関西弁を話すことで阪神を意識せざるを得なくて、近鉄まで気が回らなかったのだということだろうか。

かつて戦前は野球王国を誇った東海地区にあって、三重県だけは蚊帳の外という状況が続いていたのは、別に名古屋や関西に遠慮をしていたわけではないだろう。記録としては、第一回大会に山田中（現宇治山田）が栄えある初代表になったものの、見事なまでにその後は代表なし。戦前はこの一回だけなのだ。

高校野球の地区割りとしては、戦前は東海大会だったものが、戦後、愛知が独立して愛知大会となるので、夏の大会は岐阜県と三重県とで争う「三岐《さんぎ》大会」ということになった。しかし、実質は岐阜県勢にすれば当時は三重県からどこが出てこようが、眼中になかったというのが正直なところではないだろうか。逆に、三重県人は、常に天下を意識していた岐阜県人ほど勝敗に対するこだわりはなかったとも言えそうだ。

●四日市の全国制覇、三重の全国制覇がもたらしたもの

高校野球をベースとして野球を語れば、三重県は東海四県で一番弱いという事実は否めなかった。実績から見てもそのことは否定しようがない。しかし、一九五五（昭和三〇）年夏に突如として出場した四日市が、優勝候補の筆頭であり隣県の神様のような存在の中京商を下してしまったかと思ったら、そのまま全国制覇を遂げてしまうのである。三重県の野球にとって、突如訪れたエポックだった。

それから一四年後、今度は三重が選抜大会で一気に走り抜けて優勝する。しかも、決勝では東京代表の堀越に一二対〇と圧倒的な勝利を飾る。三重は中京の兄弟校として台頭してきたのだが、この優勝で「中京の威を借る三重」のイメージを払拭した。それはイコール、愛知県から脱皮して独自の野球文化を発信しはじめた三重県が確立していく様と言えるのかもしれない。

以降、三重は海星と並んで三重県の高校野球をリードしていく形となる。それは、松阪市と四日市市という三重県においては県庁所在地の津《つ》市を挟んでの勢力構図という形にも

なった。三重は系列に松阪大があったが、〇五年から三重中京大と校名変更しながらも一二年を最後に廃校となった。最後の年に、明治神宮大会で則本昂大《のりもとたかひろ》が活躍して楽天入りしたことでも話題になった。社会人野球では、パチンコ屋チェーンの永和商事ウイングが、一四年に予選を勝ち上って都市対抗野球初出場を果たした。

高校野球でいえば、近年の勢力構図としてはいなべ総合学園と菰野《こもの》が三重と並んで三強を形成している。東海地区の四番目からの脱出に向けて、意欲的だが菰野出身の西勇輝《にしゆうき》（オリックス）が、ソフトバンクの小久保裕紀の引退試合でノーヒットノーランを達成してしまうというあたりも、場の空気を読まないけれども「まあ、これもええやろう」という三重県人らしさとも言えそうだ。

第五章

近畿編

滋賀

良くも悪くも京都色は強いが、近江《おうみ》商人野球は健在

●西武王国を築いた堤康次郎に見る近江商人のエネルギーとしたたかさ

実は、滋賀県は海に面していない県である。しかし、県の真ん中に日本一の面積を誇る湖の琵琶湖が存在していることで、水の都というイメージが強い。つまり、それだけ琵琶湖の存在が大きいということである。その琵琶湖の水運に恵まれ、京阪に近いというところと、東海地区に隣接した関西の玄関口としての位置づけから、商業が栄えていった。それが「近江商人」の誕生の背景ということになる。

関西商人のがめつさとしたたかさ、名古屋人に代表される尾張商人の地場を大事にする倹約心を兼ね備えて、独特の近江商人が誕生していったのである。その良い面だけをとれば、「しっかりしていて、勤勉でエネルギッシュによく働く」ということになる。また、悪い面だけをとれば、「がめつくて、あくどい、自分のところの利益しか考えないえげつないやり方」となってしまう。立場によって、どっちにでもとられてしまうのが近江商人

だ。

そのもっとも典型的なスタイルが、やがて西武王国を築きあげ、最終的には衆議院議長にまで上り詰めた堤康次郎《つつみやすじろう》だろう。土地開発事業社としては近江鉄道からスタートして、その成功をベースに東京進出。戦火が激しくなり爆撃の続く中、防空壕の中で地図を広げて、密かに土地買収を計画していたというのだから驚く。そして、東急の五島慶太《ごとうけいた》をライバルと見据え、敗戦で打ちひしがれる国民の中で、戦後の復興へ精力的に土地買収を始めた。戦災で焼け野が原になった首都・東京の土地を安く買いたたき、土地開発から運輸、鉄道、流通とあらゆる面で王国を築きあげたのだ。

そのバイタリティーとしたたかさこそ、典型的な近江人である。隣県の福井県民同様に、県内というよりは、外でエネルギーやパワーを発散させていくタイプといってもいいであろう。

●地理的条件からも歴史的背景からも隣接する京都の影響を受ける

近畿と東海をつなぎ、東海道の中枢でもあるはずの滋賀県ではあるが、正直なところ認知度は低い。たとえば、滋賀県の県庁所在地はどこかと聞かれて、大津市と即座に出てこない人も少なくない。大津と京都はＪＲでわずか一〇分という距離にあり、どうかすると大津市は京都府ではないかと思われるくらいである。また、歴史的にも長く都として栄えていた京に隣接するということで、大津は恩恵を受けてきた。全国の各県に必ずといっていいくらいに存在しているその県を代表する地方紙が滋賀県にはなく、京都新聞の滋賀版がそれを代用している。このあたりも擬似京都ということになる。

滋賀県の立場の曖昧《あいまい》さというか、はっきりしないところは，そんな地理的歴史的な条件にもよるはずだ。その結果として、文化的にはほとんど京都に帰属していくことになってしまう。

その顕著な例の一つとしては、本来京都にあるべき大学のキャンパスが滋賀県に移動してきていることにも表われている。京都市内の真ん中に位置し、古い伝統のある龍谷《りゅうこく》大は大津市瀬田に広大なキャンパスをつくり、関西六大学野球の常勝軍団となっている野球部もそこで練習をしている。立命館大も九四年にびわ湖草津キャンパス（ＢＫＣ）を設けて滋賀県に進出している。これは、滋賀県と京都府との距離の近さもあろう。京滋という言い方で京都と滋賀を一くくりにすることもあるくらいだ。そう言えば、わかさスタジアム（旧西京極《にしきょうごく》球場）で行なわれることが常の同立戦が皇子山《おうじやま》球場で開催されたこともあった。ことほど左様に滋賀県は京都に依存しながら存在しているのかもしれない。

実は、滋賀県は人口の増加率が非常に高い。しかも、比較的住民年齢が低くなり、街が若返っているのは、マンモス大学の滋賀県進出の影響しているのもあろう。夜の早い大津市内だが、今後はさらに若者文化が繁栄していき、より都市化していくことが考えられる。その一方で、かつて広岡敬一《ひろおかけいいち》の『ちろりん村顛末記』で紹介された雄琴《おごと》も京都に近いことで栄えていったのである。それらも街を活性化していく要素となっていた。

反面、近江商人の基盤となってきた滋賀県の特色、古い街並の情緒が失せていくとも考えられる。それも、時代の流れでは仕方のないことなのだろうか。

●大きな自信とレベル向上への道となった〇一年の近江の準優勝

龍谷大の進出により、皇子山球場は龍谷大のホームグラウンド的なイメージが強くなった。リーグ戦でも京都産業大との試合は、一般学生も多く動員する努力をして、同立戦(同志社対立命館)に負けない盛りあがりを目指して頑張っている。龍谷大は全日本選手権の常連ともいえるくらいに、関西六大学を制している。多くのプロ野球も輩出するようになり、よりその存在感をアピールしている。

一方で、京都勢などに押され気味で、近畿大会でも存在感が薄いというのが滋賀県の高校野球だった。確かに、近畿勢で滋賀県だけがなかなか上位進出校がなく優勝校はもちろん、長く決勝進出さえ果たしていなかった。

そんな滋賀県の高校野球関係者やファンのもやもやを吹き飛ばしたのが二〇〇一年の近江の快進撃だった。初戦で盛岡大付を、三回戦では廃校寸前から勝ちあがって話題となった塚原青雲《つかはらせいうん》（現創造《そうぞう》学園大付）を下すなどで勢いづいた。準決勝では四国の名門松山商に競り勝って初の決勝進出を果たした。三人の投手が分業制できっちりと投げていくスタイルは、まさに割り当てられた仕事をきちんとこなしていく近江人のそれであった。チームを率いた多賀章仁《たがあきと》監督は平安から龍谷大という経歴で、僧侶の資格もある人だ。今では、すっかり滋賀県人として近江のイメージをつくりあげている。琵琶湖の色をイメージした濃い水色のユニフォームも甲子園に定着してきている。

●琵琶湖のまわりを取り囲むように点在する学校群

近江のユニフォームの色にも示されているように、滋賀県の誇りは日本一の琵琶湖だ。その琵琶湖を取り囲むように走っている鉄道の沿線に街が存在しているのも特徴となっている。そして、その街の繁華街もさほど大きくないが、そこにそれぞれ学校が存在している。

だから、滋賀県内で鉄道に乗っていると、やたらと高校のグラウンドが目に入ってくる。これも滋賀県の高校の特徴かもしれない。また、比較的学校とグラウンドが隣接しているという環境が多く、これは高校野球という点では決して不利なことではないはずだ。

近江に刺激を受けて、近江商人の発祥の地とも言われている八幡商も負けてはいられない。一八八六（明治一九）年に滋賀商として設立され、野球部も一八九八年に創部という古い歴史を誇っている。もちろん県内では近江商人たちからの人気も高い。

このところは近江と八幡商にやや押され気味ではあるが、比叡山《ひえいざん》も滋賀県の高校野球を支えてきた。一九七〇年代後半や八〇年代前半に一時代を形成し、若干の低迷期を抜け出し、再び浮上してきている。歴史をひもとけば、比叡山延暦《えんりやく》寺はかつて僧兵が強く市外で暴れたという史実も残っている。比叡山が甲子園で暴れてもおかしくはないだろう。もっとも、そうなると近江商人的な滋賀県人というよりは、宗教色と歴史色の強い京都の味わいのほうが強いということになるが、前述のように、滋賀県自体が京都の影響は免れないところにあるのだから仕方ない。

京都

中等学校時代から野球文化を育み、同立戦の盛りあがりも素晴らしい

●歴史と伝統に根ざしたプライドは、よそ者には「きつうおす」

七九四年に平安京が遷都され、一六〇三年に江戸幕府が開かれるまで八〇〇年強の間、京都は都であり続けた。日本の都市としては、もっとも長い間、「都」であり続けた都市だったという歴史は揺るぎようがない。東京がこのまま首都であり続けたとしても、あと四〇〇年以上もかかる記録である。

この歴史的背景は、そのまま京都人の誇りでもある。自分で意識するしないにかかわらず、京都人にはこの都の歴史の誇りがどこかに見え隠れする。それが京都人の特徴なのだ。それは形としては、広く社会を受け入れているようで実は閉鎖的で、自分たちの世界を大事にするあまり、よそ者には厳しい街となる。

こうしたよそ者に対しての排他性こそ、京都が何百年も都であり続けた最大の要素であり、伝統や文化を守り続けてこられた理由なのである。しかも、「三代続けば生粋の江戸

っ子」と言われる東京人に対して、「十代続いて、やっとホンマもんの京都のお人やなぁ」となる。つまり、それだけ「都としての歴史が違いますがな」ということである。

言葉そのものが柔らかいので、非常に親切に感じてしまうが、それは観光都市としての外交的なものである。「一見《いちげん》さんお断り」のような店が多いのも、よそ者に対しての冷たさ、自分たちの街をその世界で守っていくようなところがあるからだ。

ふらりと訪ねていった店で、「せっかく訪ねてもろたのに、今日はいっぱいどすねん。またにしておくれやす」と言ってやんわりと断られることも少なくない。しかし、そんな店に言葉どおりまた訪ねていっても、同じように断られるのがオチだ。ところが、誰かの紹介や常連さんと行くと、「よう、お越しやしたなぁ」と、手のひらを返したように温かく迎えてくれるのである。これも京都文化である。

●高校（中等）野球も最初に優勝したんは京都やったしねぇ

京都にはプロ野球の球団がない。かつて、阪急（現オリックスバファローズ）が球団を持っていた頃には西京極球場を準本拠地として使用していた時代もあったが、京都に純然たる本拠地を持ったチームが存在した歴史はない。けれども、京都人は野球に対しての誇りも格別高い。というのは、一九一五（大正四）年に開催された第一回中等学校優勝野球大会の歴史的な初代優勝校が京都代表の京都二中（現鳥羽《とば》）なのだ。これは、京都の野球好きにとってはかけがえのない自慢話である。

高校野球の歴史を語る場合に、この事実には触れないわけにはいかない。オリンピックでアテネがいつも入場行進の先頭を歩くのと同じように、高校野球の優勝校の話になると、「初代優勝校は京都」という事実は不動のものなのである。しかも、四八（昭和二三）年の学制改革で一時存在がなくなったと言われていた、旧京都二中の歴史を正式に鳥羽が継承していくことになり、今日に至っている。しかも、鳥羽は二〇〇〇年に甲子園に復活し、京都のオールドファンをさらに喜ばせた。

京都野球の歴史的な節目の特徴で言えば、旧制の五年生中等学校が最後となった四八年春の大会において、甲子園の決勝を京都一商（その後、西京《さいきょう》商→西京）と、京都二商（西陣《にしじん》商、その後廃校）という京都同士で争っていることも大きい。結果は京都一商が一対〇でサヨナラ勝ちするのだが、この年の夏からは中等野球は高校野球となっていく。つまり、中等野球の歴史は京都にはじまり京都で終わったと言っても過言ではない。

これも、京都人の野球に関する歴史的なプライドをくすぐるには十分な話である。

●京都の野球と言えば、「HEIAN」と、沢村の京都商もいてはった

第一回大会の優勝以来、京都勢は四国や東海地区の学校に優勝を持っていかれることになるのだが、三八（昭和一三）年に平安が初優勝を飾り久々に京都の野球ファンを喜ばせる。その平安は優勝こそ三八年まで待つことになるが、それが四度目の決勝進出だった。

明治初期に滋賀県の彦根市に浄土宗本願寺派の子弟を教育する目的で設立された平安だが、その後移転して、すっかり京都を代表する存在となっている。大正年間は京都二中などに代表の座を奪われたが、二七（昭和二）年に初出場を果たして以来、京都の野球をリードし続ける。翌年には決勝進出を果たして、以降は甲子園でも平安の存在は多くの野球少年の憧れとなっていった。それは、戦後になっても変わらず、京都市内はもちろんのこと府下全域から滋賀県までをも含めて、有力な野球選手がその門を叩いた。

二〇〇八年から西本願寺の系列校である龍谷大との関係を強く打ち出すという方針で龍谷大平安と校名変更した。指揮をとる原田英彦監督は「ＨＥＩＡＮ」のユニフォームに憧れて、平安野球部に進んだ男だ。それくらいに、京都の平安は存在感が大きかったのである。また、そうした大きな存在感は京都人のプライドを刺激するのに十分であり、京都の野球ファンも、「やっぱり、平安が強うないと、面白うありまへんなぁ」ということにな

るのだ。その期待に応えて二〇一四年春、ついに全国制覇を果たした。

そんな京都の野球好きが、もう一つ誇りに思っていることがある。それは、速球投手が登場するといつも話題になる沢村栄治（京都商→読売）を生んだことだ。甲子園で怪物投手と言われる快速投手が登場するたびに、いまだに「沢村よりも速いのか」と議論される。それくらいに、豪腕・沢村投手の存在は伝説化されている。

若くして戦場で亡くなった悲劇性もあり、「生きて帰ってきていれば、どれだけの速球を投げられたのかわからない」という期待と幻想が、彼をより伝説化させているのだろう。「沢村の投球を受けた捕手のミットが破れた」とか、「相手の監督が打者に『沢村が投げはじめる前にバットを振りはじめろ』と指示をした」とか、「外野手が一度もボールに触れなかった試合があった」などという逸話が飛び交っている。

プロ野球でその年もっとも活躍した速球投手に与えられる「沢村賞」は、その伝説をさらに神格化している何よりの要素だ。沢村の母校・京都商は京都学園と校名変更したが、この賞があり続ける以上、沢村栄治の名前は永遠に不滅だ。京都人にとって「沢村伝説」もまた、永遠に語り継がれていくのである。

●学生の街を自負する京都は同立戦も盛り上がる

京都は学生の街とも言われている。かつての西のエリート養成コースは三高→京都帝国大と言われた。その京都大はもちろんのこと、同志社と立命館が関西私学の顔となっている。プライドの高い京都人は、逆に人の評価も看板やレッテルで測る傾向が強い。だから、「同志社の出身です」と言うと、「そやろな……、頭よさそうやと思った」というように、学校に対してのランキングには非常に敏感だ。もちろん筆頭は京大になるのだが、同志社、立命館というブランドに対しての評価は、早慶にも負けないと言われているくらいである。

本来は兵庫県出身の古田敦也《あつや》（川西明峰→立命館大→トヨタ自動車→ヤクルト）に対しても、〇四年のプロ野球合併問題などのときの選手会長としての活躍ぶりには、「やっぱり、古田さんは立命館やな、頭ええし交渉力があるわ」という具合になるのだ。

関西学生野球六大学リーグ戦の花形としてわかさスタジアムで行なわれる「同志社・立命館」の試合は、一般学生も大量に動員しやすいようにとナイターで組まれることも多い。前日からキャンパスでは大いに盛り上がり、「同立戦」を東京の「早慶戦」以上のイベントにしようというくらい関東への対抗意識も強い。確かに、学生たちの意識としては、早慶戦を上まわる盛りあがりもある。これもまた、京都で学んでいくうちに、自分たちのプライドがより育まれていくのであろう。

滋賀県の項でも述べたが、「同立戦に追いつけ」をスローガンにしているのが、関西六大学野球リーグの龍谷大と京都産業大だ。この両校が毎シーズンのようにリーグ優勝を争っているということもあって、レベルも高くなっている。龍谷大の瀬田キャンパス移動により、京滋対決の図式にもなっている。まだまだ同立戦の盛りあがりには及ばないが、京産大の学生も徐々に増えはじめている。

●野村克也、衣笠祥雄を両雄に、都はるみに鶴瓶など芸能人もてんこ盛り

京都出身の野球人というと、野村克也を忘れてはいけない。峰山《みねやま》からテスト入団で南海入りし、その後は鶴岡一人《つるおかかずんど》監督に見出され、パ・リーグ初の三冠王を獲得した。プレーイングマネージャーとしての実績を残しながらも、「生涯一捕手」というこだわりを見せる。監督に就任してからも、「勝ちに不思議の勝ちあり、負けに不思議の負けなし」「野球は記憶のゲームや、だから記憶力の悪いヤツはあかんということや」など、幾多の名言を残している。野球人としてのプライドは誰よりも高く、日本球界を変革するくらいにデータの

重要性を説いて、頭脳野球を普及させたと言ってもいい。

また、一見対極的に思えるが、二二一五試合連続出場、一七年間連続全試合出場記録など、前人未到の記録を残して国民栄誉賞にも輝いた衣笠祥雄（平安→広島）も京都人である。野球を通じてプライドを築きあげ、野球にこだわり続けて頑なに自分の世界を守り続ける姿勢こそ、京都人なのだ。

阪神の名遊撃手として活躍し、監督としては八五年には二一年ぶりの優勝を導いて関西中を阪神一色にして盛り上げた吉田義男も典型的な京都人だ。ソフトな当たりの柔らかさとその裏にある頑なさ。西武時代にＦＡ宣言した清原和博に対して、「阪神のタテジマをヨコにしてもいいから来て欲しい」の名言もその頑なな思いの表現だった。

また、その精神は、歌手として歌にこだわり続け、「生涯一歌手」であることを選んだ都はるみにも通じるところがある。京都人の頑なさ、プライドがいい形に出た場合は、当然のことながら日本を代表する存在となっていくのだ。噺家《はなし》である一方で、バラエティー番組などでも欠かすことのできない存在となっている笑福亭鶴瓶も典型的な京都人である。古い歴史の上に立って、常に日本で一番の地位を守り続けていく京都を大事にしつつ、自分も頑なに生かしていくという京都人のなせる業なのかもしれない。

大阪

何でかわかるかぁ！　野球界は関西弁が標準語として成り立っとんのや

●大阪の会話はつねにボケとツッコミの関係が基本やで

大阪で地下鉄や環状線などに乗って乗客の会話を聞いていると、それだけでも思わず笑わされてしまうことがある。会話のテンポのよさもさることながら、自然にボケとツッコミの関係をつくっていて、その役割をお互いが果たしているのだ。

大阪の女性が彼氏と別れる理由として、「あの人、最近オモロいこと言えへんねん」ということがある。つまり、男の魅力の一つに、いかに面白いことを言って人にウケるかということがあるのだ。お笑い文化が栄えてきた大阪ならではのことなのだが、だから男も常に笑いの心を摑んで訓練しておかなアカンのや。これこそまさに、「道行く人はすべてお笑いなり」という大阪ならではの気風である。

かといって、大阪人は面白いことばかりを言っているのではない。その一方で、「大阪の食い倒れ」と言われるくらいに、食に関するこだわりが強く、美味しいものへの執着心は強い。その裏返しには、「これだけ払《はろ》うとんのやから、それだけ美味いもん食わせてくれ」という大阪人一流の計算があるとも言えよう。

それは、江戸時代から商人の街・大坂として、経済観念が発達してきた歴史が、コストパフォーマンスを無意識のうちにも自覚させていく観念を育てたからだ。つまり、大阪は商業都市ということから派生して、食文化が栄え、商人のやり取りから会話が栄え、それが「ボケとツッコミ」という、漫才の基本を生み出していったのである。そして、長い歴史を経ていくうちに、多くの大阪人が自然にボケ方とツッコミ方を心得たトークを覚えていったのである。

だから、大阪人は面白くなくてはならない、経済観念がなくてはならない、食通でなくてはならない、ということになるのである。

●阪神タイガースはかつて大阪タイガースやったんやで

大阪の野球と言えばもちろん、まずは阪神タイガースである。本当は阪神の本拠地・甲子園球場は兵庫県西宮市にあるのだが、「えっ、ホンマぁ？」などと言っていたら、どつかれるで。阪神イコール大阪というイメージは非常に強い。事実、かつては「大阪タイガース」と言った時代もあるし、阪神の応援歌として多くの人に知られている『六甲おろし』のさわりの部分で、「オウ、オウ、オウ、オウ、阪神タイガース」となっているのは、かつて、「オウ、オウ、オウ、大阪タイガース」といったものの名残でもあるのだ。

そもそも阪神タイガースの発足は一九三四（昭和九）年に日本で最初の職業野球チーム大日本東京野球倶楽部が産声をあげ、これが巨人の前身となるのだが、それに対抗する形で大阪に誕生した。つまり、最初から東の巨人に対して西の猛虎だったのだ。

その歴史が幾多の名勝負を生み、昭和四〇年代にはその読売に九連覇を許しつつも、毎年優勝争いをしている好敵手という立場を維持していたのである。それが、いつしか「弱い阪神」になってしまって、それを不甲斐なくもどかしいと思いつつも、「お笑いネタ」として受け入れてしまう大阪人気質に支えられて、「ダメ虎」も文化として「オモロイなぁ」と受け入れてきたのだ。だから、八五（昭和六〇）年や二〇〇三年のように、ある程度の周期をおいて優勝すると、大阪の街は大騒ぎとなり、「タイガースはワシの命や、もうこれでいつ死んでもええ」というオッサンが何人も出現するのだ。若いヤツも若いヤツで、大阪人独特のノリをここぞとばかりに発揮して道頓堀川に飛び込むヤツ、清酒タイガースを一気に飲みまくってぶっ倒れるヤツ、店の看板を持っていくヤツなど、収拾のつかない、まるで江戸末期の「ええじゃないか」のような騒ぎを起こしていく。

これも、阪神タイガースが大阪という街に根づいたからこそなのだ。それらすべての騒動も、最終的には笑いで収拾をつけてしまうのも大阪人特有である。

●南海ホークスの御堂筋パレードは昔の話となりにけり

阪神タイガースがセ・リーグで東京の読売巨人と戦い、結局倒しきれないで優勝を持っていかれていたのが、昭和三〇年代、四〇年代のセ・リーグの歴史でもあった。そして、そんな大阪の野球人の悔しさを次のステップで阻止する役割を担ったのが南海ホークスだった。球界の紳士・水原茂監督から、神様・川上哲治監督に引き継がれていった常勝読売巨人に対して、一リーグ時代から東京の勢力を意識していた南海（一時グレートリング）が、二リーグ分裂後は、パ・リーグの雄としてリードしていくことになるのだ。

「阪神がアカンのやったら、南海が巨人倒したったらええやんけ」という勢いで、大阪でもとくに気性の荒いミナミのほうの南海ホークスファンたちは本拠地でもある大阪球場のある難波《なんば》を中心に根を張った。

五〇（昭和二五）年に二リーグ制となって以来、四度リーグ優勝を果たしながらいずれも日本シリーズで巨人に日本一を阻止され続けてきた南海は、「阪神がリーグで負けて、南海がシリーズで負けて、大阪のプロ野球はどないすんのや」と、ファンにイライラを与え続けていた。いやでも東京コンプレックスを植えつけることになってしまった。それだけに、五九（昭和三四）年に南海が五度目の正直で巨人を倒した際、鶴岡一人監督の「涙の御堂筋パレード」は、積年の大阪人の溜飲《りゅういん》を下げた。多くのファンが一緒に涙して、「鶴岡親分」を神様以上に奉ったのだった。

そんな歴史を背負う南海が八八年に身売りして、ダイエー（〇五年からはソフトバンク）に買い取られると、そんな歴史も風化してしまった。今では、今宮あたりの飲み屋でたまに、「南海の優勝パレードを、子供だったワシも涙流しながら見とったんや」という話を、土手焼きを肴《さかな》に飲みながら聞けるくらいである。かつて南海難波駅付近にあった大阪球場、通称〝なんば球場〟も、その跡地は面影さえもなくなってしまった。

●泣く子も黙る、野球の浪商やで

プロ野球では東京イコール巨人にやられているとはいうものの、大阪は野球のふるさととも言われている。やはり、近くに甲子園球場があり、中等野球の時代から大阪の学校が活躍し、歴史をつくってきたということもあるだろう。かつては、日本高校野球連盟の会長を長く務めた佐伯達郎《さえきたつろう》の母校、市岡《いちおか》が活躍し、明星商《めいせい》（現明星）が続き、やがて昭和になると浪華商《なにわ》が完全に一時代をつくっていくようになる。とくに、野球関係者には戦前から戦後の一時期までは浪華商（浪商→大体大浪商《だいたいだいなみしょう》）の影響力は大だった。その後、五九（昭和三四）年に普通科を設置した際に浪商となる。大阪の高校野球に一時代をつくった。

坂崎大明神とも言われた強打者・坂崎一彦（読売→東映）は敬遠されまくりながら、たった一球のストライクを見事本塁打したという桐生との伝説の試合。六〇（昭和三五）年夏から法政二の柴田勲（読売）と尾崎行雄（東映）が甲子園で三度投げ合ったという死闘の歴史があり、三度目の正直で当時史上最高と言われた法政二を倒した尾崎投手の怪投など、伝説は枚挙に暇がない。その尾崎は結局、高校を中退してプロに入るのだが、東映に入団したその年に二〇勝をあげている。本来ならばまだ高校生であるはずの年齢だ。それくらいに当時の尾崎の球はすごかったのだろう。とにかく尾崎は高校二年間で負けたのは法政二との二つの試合と練習試合の一つだけというのだから、いかに並外れていたかがわかる。

浪商はとにかく地元でも「野球の浪商」と恐れられ、浪商の生徒が歩いてきたらよけて通れ、と言われるくらいにブイブイ言わしていたらしい。いわゆる大阪弁のツッパリ言葉で言うところの「イワしたる」というヤツだ。野球部はデカくてゴツいのは当然だけれども、それだけではなく浪商にイワされた大阪の高校生はぎょーさんおったらしい……。

しかし、その浪商も牛島和彦―香川伸行のバッテリーで春準優勝、夏ベスト4まで進出した七九（昭和五四）年を最後に、全国的舞台には登場しなかった。大阪の知人に聞いても、

「浪商？　最近はおとなしなったんちゃうか？　やっぱり名前変えて、迫力ないし、それに何ちゅうても遠くになったさかいな」

八九年に大体大浪商となってから甲子園に出場したのは、〇一年の選抜大会だった。これで全国のファンの間に再度認知されたが、開幕試合に登場し、二松学舎（東京）を倒して健在ぶりを示したのはさすがだった。

●ＰＬ学園をはじめ、大阪代表は出てくれば優勝候補も同然

浪商に代わって大阪の高校野球をリードしたのはＰＬ学園だった。その甲子園での実績は今さら言うまでもない。六二（昭和三七）年春に初めて甲子園に姿をあらわすが、六七

年夏に新美敏《にいみさとし》投手（日本楽器→広島）で準優勝して以来、徐々にPL時代をつくっていく。第一期黄金時代は七六年に準決勝で怪物・酒井投手（ヤクルト）の海星を下して準優勝した頃から、決勝で二松学舎に大勝して優勝する八二年春までで、この頃は逆転劇も多く、神がかり的な「逆転のPL」とも言われ、まさに奇跡のような試合もいくつか演じている。

そして、第二期黄金時代が桑田真澄（読売）、清原和博（西武→読売→オリックス）がいた三年間で、この間の五大会は八三年夏から優勝、準優勝、準優勝、ベスト4、優勝という実績が残っている。

さらに第三期黄金時代は立浪和義（中日）、片岡篤史（同志社大→日本ハム→阪神）、橋本清（読売→ダイエー）らがいて春夏連続優勝を果たした八七年である。この圧倒的な強さを示した春夏連覇以降、全国制覇からは遠ざかっているものの、やはり多くの選手をプロ球界に送り込んでいる。これは、それだけ素材力の高い選手が多く進学してきているということの証明でもある。また、優勝はできなくても前田忠節《ただとき》投手（東洋大→近鉄→楽天）に四番福留孝介（日本生命→中日→MLB→阪神）のいた九五年や、松坂大輔（西武→MLB）の横浜と春は準決勝で、夏は準々決勝で延長一七回を戦う死闘を演じた九八年など、高いレベルの好チームをいつも甲子園で披露している。今や球界を代表するエースに成長した前田健太もPL学園の出身である。

PL学園に限らず、大阪代表は甲子園に出場すれば優勝候補の一角に名を連ねるのが定番となっている。また、それに応えるだけの実績を上げているのだから、やはり大阪の高校野球は強い。PL学園黄金時代を受けて、八九年春には元木大介（読売）、種田仁（中日→横浜）らがいた上宮が準優勝。翌年の春には近大付が優勝し、九三年春には上宮も優勝している。さらには、松坂世代の九九年にも関大一が春に決勝で横浜に敗れるが準優勝を果たしている。

そして、二〇〇〇年を過ぎて勢力構図は大阪桐蔭と履正社《りせいしゃ》が2強となってきた。大阪桐蔭はかつてのPL学園を思わせる素質軍団となり、毎年のようにプロ球界に選手を輩出している。西岡剛（ロッテ→MLB→阪神）、中村剛也《たけや》（西武）、平田良介（中日）、中田翔（日本ハム）、浅村栄斗《ひでと》（西武）らそれぞれ各チームの中軸打者や一二年に春夏連覇を果たしたエースの藤浪晋太郎（阪神）に岩田稔（阪神）など挙げたらきりがない。

これに対して履正社は、プロ選手としてはT―岡田（オリックス）、山田哲人《てつと》（ヤクルト）などがいるが、むしろ大阪野球の原点と言ってもいい、抜け目なく相手の隙《すき》をついていく野球で実績を上げてきた。一四年春に初の決勝進出、敗れはしたものの大阪桐蔭に対抗できる勢力としての履正社を改めて示した。

●少年野球の土壌と、対極の野茂英雄、江夏豊、上原浩治らの個性派

鶴岡一人前南海監督がプロ野球選手が引退した後も野球に関われるように、また、子供たちに正しい野球を教えて野球をもっと普及させよう、という意図で発足させたのが日本少年野球連盟だ。俗に「ボーイズリーグ」と呼ばれているものである。もちろん、全国組織としているが、発足の経緯から関西地区、とくに大阪にチームが多く、大阪の野球少年はボーイズリーグに所属しているケースが目立つ。

そんなこともあって、早くから硬式球に親しんで、テクニックを身につけていくことも高校野球の質の高さにつながっている。また、指導者たちが細かいプレーも教え込んでいるので、元木が得意としていた隠し球のようなしたたかなプレーやディレードスチールのうまい選手も多い。大阪弁で言うところの「コスいプレー」も、一つのテクニックとして身に染み込まされているのである。

中学時代から、そんな環境で鍛えられ、刺激を受けてきた選手たちがやがて高校へ行く

のだから、自然に高校野球のレベルがあがっていく。また、東北や山陰、九州、四国の学校へ進んでいく者もいる。大阪の選手が県外でも頑張れるのは、中学時代に鍛えられて、「自分は何ぼのもんや」という判断力を身につけているということもある。

逆にそんな枠から外れて自由に励んできた選手が、それぞれに個性を発揮して大物となっているのも、大阪の特徴である。古くは大阪学院から六六（昭和四一）年の第二回ドラフトの目玉と言われ阪神入りした江夏豊（大阪学院→阪神→南海→広島→日本ハム→西武）だろう。プロ入り後もその「一匹狼スタイル」を貫き通した。また、今日のメジャー進出ブームの切っ掛けをつくった野茂英雄（成城工《せいじょう》→新日鐵堺《さかい》→近鉄→ドジャースほかMLB）も、成城工を経て新日鐵堺で投げていくうちに評価されたのである。

「雑草魂」と言われている上原浩治も、東海大仰星《ぎょうせい》では控えの存在だったし、大阪体育大へは推薦ではなく、浪人して一般入試で入学している。まさか、その段階で将来は巨人のエースどころかメジャー進出してワールドシリーズで勝って胴上げ投手になろうとは誰も予想していなかっただろう。こういう選手があらわれるところも大阪野球のもう一つの特色である。ちなみに、初代楽天監督を務めた田尾安志（泉尾《いずお》→同志社大→中日→西武→阪神）も大阪出身の個性派である。

奈良　日本最初の都で天理vs.智弁の宗教戦争がクローズアップ

●古都のプライドよりも、のんびりゆったりを優先する気風

奈良は日本で最初の都である。都として栄えたのは京都よりも八〇年以上も早かった。かつて平城京と言われた奈良という街は、八世紀初頭に中国（唐）の長安をモデルにつくられた街だ。それだからということもあるのだろうか、奈良は初めて訪れた人でもどことなくに落ち着いた雰囲気がある。

温暖な気候と肥沃な土地で、早くから農作業が栄え、日本でもっとも早く発展し文化的な生活を送ることのできた土地と、言ってもいい。のんびりと穏やかで、ガツガツしたところや、妙にギスギスしたところが感じられないのが奈良県の特徴である。近鉄文化圏で、ほとんど大阪のベッドタウン化しているというのも確かだ。もちろん、大阪への通勤圏で、とくに近鉄沿線の地域は奈良府民という位置づけである。しかし、同じ通勤ラッシュでも、近鉄沿線では殺気だった雰囲気はあまりない。

また、明石家さんまに代表されるように、ものの捉え方や発想が、何かしら面白いという人が多い。「別に、人笑かそう（笑わそう）と思うて言うとるのんとちゃうのやけど、皆が笑いよるねん」と、自分が笑いをとることに不思議がっている人も多いくらいだ。これも、奈良県人ならではのおっとり感覚であろうか。同じ笑いをとるのでも、大阪の人は「何か面白いこと言うて笑かしたろ」という、ウケ狙いのところがあるのに対し、奈良人は無欲なのである。とにかく、今をあくせくせずに面白く楽しく生きられたらそれでええやんか、という奈良の大仏様のような大らかさを持ち合わせている。

国宝級の建造物や文化財が多く、古くから観光地として栄えてきたことも、奈良県民ののどかさや大らかさに拍車をかけているようだ。今でも修学旅行のメッカであり、広くよその人を受け入れる開放的な要素も強い。

●天理と智弁学園との宗教対決が野球の基本となる

のどかでおおらかな奈良県民だが、高校野球の話をしだすととたんに熱くなる。それは、天理と智弁学園という高校野球では全国に知られた二つの有力校が存在しているからだ。しかも、この両校はいずれも宗教色の強い学校で、野球を通じた「宗教戦争」のようなニュアンスがある。

だから、毎年のようにぶつかる両校の試合のネット裏は、天理の紫色か智弁の朱色かに色分けされて、とりあえずどちらかに属することになるのだ。普段はのんびりしている奈良県人なのに、このときだけは熱くなり、「今年はウチのほうが強いやろ」と、口角泡を飛ばしながら語るのだ。それに、チームカラーも、かつては打力の天理に対して投手力の智弁学園という構図もはっきりしていた。もっとも、近年は必ずしもそうとは言えず、天理にも好投手が多く誕生しているし、当然のことながら強力打線の智弁学園もありなのだ。

ただし、甲子園の実績となると天理のほうが一歩先をいっている。天理は一九九七年春を最後に一時期生徒獲得の問題などで低迷期もあったが、二〇〇三年夏に復活すると、翌年も登場。胸に紫色の漢字で大きく「天理」と書かれたユニホームはやはり甲子園には映える。実は、長い間甲子園では二勝止まりの状況が続き、「二勝の天理」とも言われて、どんなに強くても優勝できないのではないかとさえ囁《ささや》かれた。このあたりは、学校の性質上全国から選手を集められるとはいうものの、「二つ勝ったんやし、まあこれでええやろ」みたいな奈良県気質が出ていたのではないだろうか。

その壁を破ったのが七八（昭和五三）年夏だった。そして、八六（昭和六一）年夏には決勝で松山商を下して初優勝。さらに九〇年夏にも橋本武徳監督のもと、南竜次（日本ハム）、谷口功一（読売→西武→近鉄）の二人の投手で、決勝戦で沖縄水産を一対〇と完封し二度目の優勝を果たしている。この橋本監督は、中盤あたりになると円陣で「ほな、ぼちぼちいこか」と選手に声をかけて、選手も「よっしゃ、いったろやないか」という具合に反応して勝ちあがっていったという。これが奈良県人野球の典型かもしれない。

天理は九七年春にも中京大中京を倒して春の全国制覇を果たしている。春夏の甲子園で都合三度の優勝は見事な実績と言えよう。

これに対して智弁学園は七七年春、九五年夏のベスト4が最高だ。それでも、天理に負けないだけのインパクトがあるのは、胸に朱文字で書かれた「智辯」のユニフォームが強烈な印象を与えているからである。甲子園スタンドに形づくられる「C」の人文字も定番となってきた。余談ではあるが、〇二年夏には同系列の智弁和歌山と対戦し、まったく同じデザインのユニフォーム同士が戦い、話題となった。アルプススタンドも、両方に同じように「C」の人文字が描かれるという状況だった。結果は、智弁和歌山に勝利が輝いている。

いずれにしても、七〇年代以降は、宗教校対決がほとんどそのまま奈良県の高校野球の代表だったのである。

●第三の勢力、郡山は文武両道で人気

もちろん、いくら何でも天理と智弁学園だけが奈良県の高校野球ではない。その両校に対して、地元ファンの間で熱い支持を受けているのが郡山だ。県内では奈良、畝傍《うねび》などと並ぶ進学校の公立高校として地元での評判も高い。伝統校のプライドもあり、負けても試合を捨てない粘り強さや、見ている人に与える印象が強いチームをつくりあげている。

「天理や智弁も強いからええけど、郡山は公立で頑張りよるさかいなぁ。応援したらなあかんやろ」という気持ちで郡山を応援する「郡高（ぐんこう）ファン」も多く存在する。これは、隣の大阪府同様に、公立信仰の強い奈良県の人たちの、古い歴史に根ざした教育県としてのプライドもあるということである。

ほかにも、天理以前に奈良県の野球を引っ張っていた御所《ごせ》工や近年では斑鳩《いかるが》、橿原《かしはら》といった何となく歴史的なものを感じさせる校名の学校も頑張った。もっとも、斑鳩は片桐と統合されて法隆寺国際と校名変更した。

また、奈良県の野球人としては、桜井商時代に満塁でも敬遠されたという伝説の持ち主・駒田徳広《のりひろ》（読売→横浜）がいる。大きな体で、しぶとい打撃は評価されたが、とくに読売をＦＡで出て、九八年の横浜の優勝に貢献して多くの「アンチ巨人ファン」から支持を受ける存在になった。京都人ほど気張らず、大阪人ほどしゃかしゃかしない。どこかのんびりとしながら、それでも自分の役割を果たすという奈良人らしさを表わしていたのである。「ハマの番長」の異名をとる三浦大輔（高田商→横浜）も同タイプと言えようか。

大学野球では、近畿学生連盟に属する奈良産業大から校名変更した奈良学園大が、二〇〇九年から十連覇するなど、力を示している。

和歌山

和中が、箕島《みのしま》が、そして智弁和歌山がそれぞれ一時代を形成

●商人気質と漁師気質の両立は、紀国屋文左衛門の時代から

江戸時代に、紀国屋文左衛門《きのくにやぶんざえもん》が紀州の名産みかんと材木を船に積んで江戸へ運び、とてつもない財を築いたという伝説がある。その紀文伝説の発祥の地、和歌山県は、漁師の街というイメージと、商人の都市というイメージとが混在している。「船で品物を運んで財をなす」という紀文の商法は、そのまま和歌山県のイメージそのものとも言えようか。

しかし、県民性としてはガツガツした商人の印象はない。というのも、気候温暖で畑作業にいそしむ勤勉な人たちの真面目さと、台風が多く自己防衛を余儀なくされる自然環境もあって、とにかく自分のことを守らなくてはいけない。商売人ではあるが、自己防衛もしっかりとしているという点で、貯金額が高いのもうなずける。

商売人という点では、松下幸之助《まつしたこうのすけ》も和歌山県出身である。紀国屋文左衛門に並ぶ、和歌山県の生んだ一大事業家だ。もちろん、南海電車で一本ということもあり、大阪の影響を

強く受けやすい。とくに、大阪の中でも岸和田あたりや河内《かわち》といった気性の荒いお祭り好きな土地に近く、このあたりが歌手・天童《てんどう》よしみなどにも見られる和歌山県人の奇妙な乗りの良さにもつながっているのだろう。

紀伊半島に沿って海沿いにある和歌山県は、大阪に近い北部に比べると、南紀白浜《なんきしらはま》や新宮《しんぐう》などの南部は、意識としてはより南国的でもある。宮崎県のようなのんびりした穏やかさも兼ね備えていると言っていいだろう。しかし、一度仕事となると、演歌歌手の坂本冬美のようにガッツの入る頼もしさもある。このあたりは漁師根性が頭をもたげてきているといってもいいであろう。

●中等野球時代に二度、黄金時代をつくってきた歴史

高校野球の歴史という中で和歌山県は大きな役割を果たしている。というのも和歌山県勢は大きく見て四度黄金時代をつくっているからだ。しかも、それをことごとく異なる学校で築いているのだから、見事というか、素晴らしい。県の人口や産業などを比較してみた場合、これだけ全国制覇を成し遂げたのは、紀国屋文左衛門と松下幸之助に次ぐ偉業と言っていいのかもしれない。それだけに、和歌山県人にとって高校野球でつくりあげたそ

れぞれの時代というのは意味が深い。

最初の黄金時代は、一八七九（明治一二）年に創立され、野球部も一八九七（明治三〇）年に創部、夏の大会を第一回大会から参加し続けている和歌山中だ。和歌山中は学制改革で桐蔭高校と名前を変えたが、今日でも伝統を受け継いだ形で県大会でも上位に残ってくることが多い。大正時代から昭和初期にかけて黄金時代を築き、小川正太郎（早稲田大→毎日）などがいた。球界の長老で大毎（現ロッテ）、阪急、近鉄の監督としてトータル八度のリーグ優勝を果たしている西本幸雄（立教大→全京都→八幡製鉄→星野組）は、活躍時期が戦争で中断されているのが気の毒だ。

戦前の和歌山県の高校野球記録を見ると、ある時代まではそれはそのまま和中の記録ということになる。しかも、スコアを見ると一五〜二〇点はよくあることでラグビーの試合かと思えるような得点をあげており、その強打は突出していた。ここに一九二一（大正一〇）年の夏などは全試合二桁得点で勝っているのだから呆《あき》れてしまう。

和中は第一回大会から一四年連続出場を果たすが、それを阻止したのが海草《かいそう》中で、戦後になって向陽《こうよう》と校名変更しても甲子園に出場している。二一世紀になっても〇年春に出場を果たして甲子園勝利も記録している。海草中は戦争で中断する前の三九（昭和一四）

年、四〇年と夏に連続優勝している。しかも、三九年夏は五試合連続完封、しかも準決勝と決勝の二試合は連続ノーヒットノーランという快挙中の快挙を成し遂げた。エース・嶋清一（明大）はその後戦争で亡くなるが、この快記録は恐らく永遠に破られないだろう。強打の和歌山中もさることながら、投手力の海草中もこれまたものすごいチームだったのだ。

こうして、和歌山県は戦前だけでも二度の黄金時代をつくっている。

●戦後は尾藤・箕島時代から、高嶋・智弁和歌山時代へ

戦後になっても和歌山県の野球は逞しかった。前岡勤也《まえおかきんや》投手（阪神→中日）のいた新宮《しんぐう》が評判になり、イチローばりの巧打で人気を博した藤田平《ふじたたいら》（阪神）のいた市立和歌山商は六五（昭和四〇）年春に準優勝している。

しかし、それらはその後の和歌山県高校野球新時代へのほんのプロローグでしかなかった。和歌山の新しい時代は、尾藤公《ただし》監督率いる箕島がもたらした。就任三年目の六八（昭和四三）年春に初出場すると、エース東尾修《ひがしおおさむ》（西鉄・太平洋・クラウン・西武）でベスト4に残る。さらに、二年後には島本講平投手（南海）で初優勝。甲子園の猛者、箕

島はこのあたりから印象づけられていく。七七（昭和五二）年春にも五試合中四試合を完封という確かな戦い方で文句ない優勝を果たしている。

箕島はその翌年もベスト4に残る。そして、七九（昭和五四）年にはついに石井毅―嶋田宗彦のバッテリーで春夏連続優勝を果たした。春は牛島―香川というバッテリーのいた浪商を打撃戦の末に下して優勝、夏は三回戦で星稜と延長一八回という球史に残る大熱戦を経て優勝している。これらの輝かしい歴史は、箕島野球が、完全に一つの時代をつくったことの証明でもあり、頂点に達した瞬間でもあった。これが、和歌山県としては三度目の黄金時代をつくった学校だった。

箕島は頂上を極めた後、徐々に衰退していってしまう。しかし、代わって四度目の黄金時代をつくりあげたのは、少数精鋭主義という新しい方法論で登場してきた新勢力の智弁和歌山だった。

八五（昭和六〇）年春に初めて甲子園出場を果たした智弁和歌山は、九〇年代になって圧倒的な強さを発揮するようになる。九四年春、九七年夏、二〇〇〇年夏に全国優勝。準優勝も九六年春、〇〇年春、〇二年夏と三回ある。圧倒的な素質軍団とも言われているが、毎年一〇人の新入部員、全体で三〇人という方針を崩さない。彼らは言わば選ばれた野球エリートである。このシステムそのものに対しては、賛否両論ある。しかし、高嶋仁監督は徹底してこのシステムを守っているし、このスタイルが新しい高校野球の強化策であることは確かだ。全国で強化を目指す俊英校はこのシステムを模倣していこうというところもある。

学校全体としても、東大や京大へ何人もの合格者を出す超進学校でもある。進学クラスとスポーツクラスが別々に設けられて、それぞれのエリートを育成していくという考え方だ。関西の野球少年にとっては甲子園への手堅い道として人気もあるが、その一〇人に入ることは並大抵ではない。

●個性的な人材を輩出している和歌山県野球界

紀国屋文左衛門の時代から、何かをしでかすとなると中途半端ではなく、天下に通ずるものでなくてはならないというのは、和歌山県人の特徴とも言えよう。歴史的には、江戸時代の徳川十五代将軍のうち、八代将軍吉宗が紀州から派遣された「暴れん坊将軍」だったが、マンネリ化した江戸幕府に「活」を入れたのは確かである。

高校野球でも、和歌山中から智弁和歌山まで、ことあるごとに、全国へ向けて「活」を入れ続けている。産業界で松下幸之助が輝き続けているように、高校野球でも和歌山県の歴史は燦然と輝き続けているのだ。

また、前述以外の野球人も個性的だ。現役引退後は侍ジャパンの監督を任されることになった小久保裕紀（星林《せいりん》→青山学院大→ダイエー→読売→ソフトバンク）はじめ、精密機械のようなコントロールが売りの西口文也（県和歌山商→立正大→西武）、メジャー進出も果たした藪恵壹《やぶけいいち》（新宮→東京経済大→阪神→ホワイトソックス）、吉井理人《まさと》（箕島→近鉄→ヤクルト→メッツ他→オリックス）などがいる。プロ野球界で一癖も二癖も出しながら、その力を発揮している選手が目立つ。また、高校は横浜へ野球留学したが横浜ＤｅＮＡの大砲として将来への期待がかかる筒香嘉智も和歌山県出身だ。

東北から仙台育英へ移り、宮城県の高校野球に貢献し國學院大監督としても二部低迷していた同校を一部校として定着させた竹田利秋（和歌山工→國學院大）も忘れてはいけない。ちなみに、竹田自身は五八（昭和三三）年春に三塁手で甲子園に出場している。

兵庫

聖地・甲子園を有するタイガースのご当地であり個々のプライドも高い

●県内は神戸を筆頭に都市ごとにそれぞれのプライドがある

兵庫県民を一言で語るのは非常に難しい。というのも、日本海側と大阪湾側とでは気候も違えば、それに伴って気質もかなり異なるからだ。まして、神戸市民となると、また別の顔を持っているのだ。ところが、それでいて、県としてのまとまりはよく、それぞれの形で兵庫県民としての自信と誇りを持っているようだ。あの、阪神淡路大震災からの復興で見せた県民の粘り強さと協力態勢も、実はそんな県民性に根ざしたものがあったのだといえよう。

兵庫県を代表する都市というと、やはり神戸市になる。神戸は歌謡曲にもよく題材として選ばれているが、エキゾチックな街だ。さまざまな人が出入りする街で、古くからの港町でもあるので、新しいものを吸収する力があり、流行に敏感である。それに、おしゃれな街というイメージでもわかるように、住んでいる人のプライドも高い。そういう意味では、兵庫県というくくりからは独立したような印象も与える。

東海道から山陽道を進んでいくと、明石を通って姫路となる。明石は日本標準時の基準地でもあり、日本の中心地というイメージを与える場所だ。そして、姫路は世界に誇る白《しら》鷺《さぎ》城を観光名所としている。

ほかにも、高級住宅地の芦屋市や関西一の規模と言われている有馬温泉などを有しており、兵庫県はそれぞれのプライドが集約されたものと言えそうだ。

さらに、野球ということで言えば西宮市に甲子園球場がある。これまた兵庫県民の大きな誇りである。よく、甲子園が大阪にあると誤解を受けているが、「ちゃいまっせ、甲子園は西宮にあるのやから、ホンマもんの地元は兵庫代表なんや」というのが、兵庫県民の野球ファンの言い分である。

●阪神沿線の庶民性と、インテリ度の高い高級志向の阪急沿線

阪神鉄道は大阪と神戸を結ぶところから「阪神」と呼ばれる。そして、その大半が兵庫県を走っているのだ。ところが、残念ながら阪神タイガースと言うと大阪というイメージのほうが強いのは、兵庫県のトラファンにとってはいささか悔しいところだ。本当は、

「阪神タイガースは兵庫県のものや」と叫びたいところなのだろう。ただ、それをこらえているのは兵庫人のプライドの高さと、貿易で栄えてきた神戸に代表される、大阪湾から瀬戸内海沿いの街の人たちの持つ大らかさかもしれない。

しかし、だからといってオリックスに徹底して肩入れして熱狂しているのかというとそうではない。とくに、オリックスに関しては設立の経緯もあって、若干マイナーなイメージも否めない。もっとも、阪急時代から阪神ファンが持っている庶民派の熱狂性やエネルギーに比べると、阪急を応援している人は、どこかインテリっぽさがあって、いわゆる通の観戦者で、一家言ある玄人好みの渋さを持っていた人たちなのだ。だからといってそれをひけらかすでもなく、じっと見つめているという感じだ。これは、阪神沿線と阪急沿線の雰囲気や佇まいの差異にも表われている。

そして、何となく阪急沿線のそれが神戸のイメージにつながり、ひいては兵庫県民のイメージとして形づけられていったのかもしれない。関東と関西との比較で言えば、大阪に対する兵庫県は、東京に対する神奈川県みたいな位置づけになっている。もちろん、神戸市が横浜市と重なるのは言うまでもあるまい。

また、学校のイメージも兵庫を象徴するかのようである。比較的ハイソな感じで「関西の慶應」と言われる関西学院大と、同じく「関西の成城学園」と言われる甲南大が代表格だ。さらには、フェリスに匹敵するのが神戸女学院、横浜国立大に対して神戸大、一橋大に対して神戸商科大といったところだろう。

しかし、何と言っても甲子園球場の存在が、「兵庫県は野球県」と位置づけてくれている。ただし、一二月のひとときだけ、関西学院大の奮闘によって関西に普及したアメリカンフットボールで甲子園が一色に染まる「甲子園ボウル」がある。学生アメリカンフットボールの拠点を譲らないところも、兵庫県民のプライドと言ってもいいであろう。

●野球県・兵庫としての誇りは、全国大会に連続出場継続中

甲子園球場が建設されたのが一九二四（大正一三）年である。当時「阪神電鉄大運動場」という正式名称だったが、この年が「甲子（きのえね）」ということで、甲子園球場と名づけられたのは有名な話である。この年に第一〇回全国中等学校優勝野球大会が開催され、以降甲子園が高校野球のメッカとなっていくのである。

全国大会出場で言えば、大阪が第一回大会で代表校を送り出せなかったので、夏の大会で連続して代表校を出し続けているのは東京と兵庫県しかない。これは、一県一校制とな

った現在、この制度が続く限りは永遠に継続されていくであろうから、不滅の記録となる。ちなみに、春に関して言えば二四年の第一回大会には選出されなかったので連続記録はならないが、甲子園開催となった第二回選抜大会以降は代表校が途切れたことがないので、地元としての面目も保っているということになる。

こうして、野球県としてのプライドは誇示しており、それはプライドを大事にする兵庫県人にとっても嬉しいことである。全国での実績でも、一七（大正六）年の第三回大会で関西学院が準優勝したのを皮切りに、その三年後にも関西学院、さらに三年後には甲陽が全国優勝を果たす。昭和初期には第一神港商《しんこう》（現市神港）が黄金時代を形成し、三三（昭和八）年には明石が春の準優勝、夏は準決勝で中京商（現中京大中京）と延長二五回を戦うなど、さまざまな形で球史を飾ってきている。

兵庫県勢の素晴らしさは、戦前から一校が独走した強さを示すというのではなく、絶えず何校かが高いレベルでしのぎを削ってきたことだ。戦前では、ほかに育英商（現育英）、滝川（現在は滝川二が歴史を継承）、戦後になっても、芦屋、鳴尾《なるお》、県尼崎などが活躍した。五三（昭和二八）年春には淡路島の洲本《すもと》が彗星のようにあらわれて優勝をさらっている。

●逆転の報徳と東洋大姫路が競い合って、レベルが向上

現在の兵庫県の高校野球と言えば、甲子園から約四キロのところにあって地元中の地元と言われている報徳学園だ。その甲子園初登場は鮮烈で、初戦で倉敷工と〇対〇のまま延長戦になるが一一回表に六点を失う。さすがにこれで決着かと思いきや、その裏に代打攻勢で六点を奪い返し、さらに延長一二回裏に一点を取ってサヨナラ勝ちというもの。これで全国に「逆転の報徳」というイメージを与えることになる。以降、甲子園の常連となってくるが、涙のボーク、サヨナラホームスチールなどさまざまなドラマを演出してきた。そして、七四（昭和四九）年春に悲願の全国制覇を果たす。七八年夏には金村義明（報徳学園→近鉄→中日→西武）を擁して、横浜、早稲田実、名古屋電気（現愛工大名電）、京都商（現京都学園）と野球どころの代表校を撃破して優勝。「報徳学園強し」を印象づけた。〇二年春にも全国制覇を果たしている。

また、県内ではその対抗勢力として東洋大姫路が台頭していた。甲子園初登場は六九（昭和四四）年夏だが、七六年春にベスト4に進出して存在感を示し、翌年夏には決勝戦で大会のヒーローとなっていた東邦の一年生投手から延長一〇回、サヨナラ3ランを放って初優勝を飾っている。その後も、七九（昭和五四）年春、八二年夏とベスト4に進出を

果たし、兵庫県の両雄、報徳学園&東洋大姫路という構図が県内で定着した。その構図は現在も継続されている。

両校は多くのプロ野球選手も輩出しているが、報徳学園としては前記の金村が代表格か。投手だったが打者としてのプロ入りを希望し、それが成功して、近鉄、西武で活躍した。東洋大姫路では、今やメジャーのセットアッパーとしてのポジションを確かなものとした長谷川滋利《しげとし》（東洋大姫路→立命館大→オリックス→エンゼルスほかMLB）がいる。

また、人気の関西学院が九八年春、〇九年夏に復活を果たしてオールドファンを喜ばせている。育英や滝川二などの古くからのネームのあるところに対して、加古川北など新しいところが進出してきたことも最近の傾向である。

社会人野球でいえば、かつては小西酒造や阿部企業にラグビーでも一時代を形成した神戸製鋼といったところが活躍していた時代もあった。ただ、三菱重工神戸と新日鐵広畑《ひろはた》が伝統ある二強として今も関西の社会人野球を引っ張っている。

第六章

中国編

岡山

気候温暖、恵まれた生活環境で独自の野球文化を形成なるか

●桃太郎ときび団子が岡山を代表するものだが

甲子園ではかつて、岡山東商や岡山南などの岡山代表は、間違いなく『桃太郎』のメロディーをアレンジした応援歌を奏でていた。それは、桃太郎ときび団子が岡山県を代表するシンボルとしてわかりやすかったからでもある。それでは、岡山県人はそんなに桃太郎に愛着を感じているのかというと、どうもそうではないようだ。ただ、それが県のイメージとしてわかりやすいので、代表曲のように演奏しているのだろう。そこが、岡山人の計算高いところでもある。

もともと、岡山県民は山陽路という交通にも気候にも恵まれた位置にある。それに、関西にも比較的近く、関西文化を受け入れやすい環境でもある。したがって関西商業圏が徐々に進出してきやすい土地ということは否めない。だから、ついつい関西商人風な佇まいを身につけていく傾向もある。ところが、その一方で、少し進むと、強烈な個性の広島

県人に遭遇することになる。

そんな場所柄でもあるので、そのバランスをとるためについつい周囲の様子を見て、相手を見ながら計算高い行動をとるようになるのが岡山県人の特徴だ。歴史的に言えば、天下分け目の関ヶ原の合戦で岡山城主の小早川秀秋《こばやかわひであき》が、豊臣方から徳川方に寝返ったことにも表われている。

もっとも、サラリーマン的に言えば、機を見るに敏であるということだ。部下にも信頼される「いい上司」としてのイメージにもつながっていくし、上からもある程度は頼りにされるということになる。

●知的レベルの高さがあるが、目立ちそうで目立たない無難さ

それでは、岡山県のメイン産業は何かというと、実は水島コンビナートなどに代表されるように重工業が栄えている。ただ、一般的にはあまり印象が強くない。文化的にも、世界的にも有名な倉敷国際美術館があるのだが、これも誰もが知っているような社会的認知度が高い存在とは言い難い。やはり、桃太郎ときび団子のほうが有名なのだ。このあたりは岡山県民にとっても、歯がゆいところだ。つまり、「本当は、日本の文化的にも産業的

にも、もっと大きな位置づけであるはずなのに」と思っているに違いない。

そもそも岡山県人は知的レベルも高い。かつて、日本に八校しか存在しなかった旧制高等学校のナンバースクールの一つ、第六高等学校があったこともそれを証明している。その知的レベルが、計算高さへとつながる構図になるのだろう。

目立っていそうで目立っていないという無難な位置づけは、中国地方の中での高校野球のスタイルにも表われている。その、やや曖昧な感じは、岡山弁の「濁っているようで濁っていない、それでいてはっきりしない」という、母音に濁音をつけたような言葉にも表われている。

野球史で言えば、戦前にはほとんど甲子園とは縁がなく、強烈な個性の広島県勢に圧倒され続けてきた。戦後になって、岡山東商が台頭し、ライバル的に倉敷工が出てきて、この両校で競い合う時代が続く。また、伝統のある関西がその間隙を縫おうという状況もあったが、突出した個性はなかったということにもなる。

気候温暖で、しかも、全国平均で見ても降雨率が低いというのも岡山県の特徴となっている。野球環境としては、雨が少ないというのは絶好の条件である。しかしながら、高校野球の全国制覇ということで言えば、平松政次《ひらまつまさじ》投手（日本石油→大洋）のいた一九六五

（昭和四〇）年春の岡山東商だけである。意外と言えば意外だが、さもありなんという気もする。このあたりが、まさに岡山県勢の岡山たる所以なのだ。

気候温暖の刺激のなさが、逆にそれぞれの意識の中で、県内完結をさせているのかもしれない。だから、甲子園への出場権を獲得したら、「まあ、これでえんじゃ」という気になってしまい、是が非でも「天下をとりにいかにゃーいかんのじゃり」という気持ちにならないのかもしれない。

このあたりも、実は関西圏と広島との間で上手く生きていかなくてはならない岡山人の知恵と言えよう。

⑫野球人たちは個性派ぞろいで、語るのも楽しい

ところが、岡山県民という組織話から、岡山県人という個人話になった瞬間、さまざまな形で個性派が浮かんでくる。とくに、野球人においてはその個性は強烈である。

前述の平松政次もガラスのエースと言われながら、巨人戦には圧倒的に強く、「巨人キラー」の名をほしいままにした。しかし、それ以上に個性派の筆頭格はやはり星野仙一（倉敷商→明治大→中日）だろう。「理想の上司像」としても長く人気を維持していたのも

いかにも岡山県人らしい。

闘志を前面に出して、強烈に自己をアピールしていく喧嘩投法は、観客の多い試合ほど燃えた。まさに、「燃える男」という言葉をプロ野球界にもたらした人でもある。その後、監督となって、さらにその個性に拍車がかかった。第一次中日監督時代は鉄拳制裁もいとわない、「俺についてこい」スタイルで若手選手を育てあげた。一時現場を離れて後、復帰してからは、非情なまでにトレードを強行し、「勝つ軍団」をつくりあげるために、情の男が情を捨てたとも言われた。

そして、もっと周囲を驚かせたのが、誰しもあり得ないと思っていた阪神監督就任だろう。優勝を決めたと思ったら、突然の辞任。実は、これらはすべて計算の上に立ったものなのかもしれない。さらに、「今、無性に野球がしたくなった」の言葉で楽天の監督に就任して、一三年には、中日でも阪神でもなしえなかった日本一にたどり着いた。

その星野の、倉敷商で一年下に当たるのが松岡弘《ひろむ》（倉敷商→三菱重工水島→産経・アトムズ・ヤクルト）だ。通算一九一勝でユニフォームを脱ぐが、「まさかと思ったヤクルトで優勝できたから二〇〇勝には未練はない」という潔さだった。

この三人に共通しているのは、いずれも「巨人キラー」と言われ、巨人戦では圧倒的に強かったことである。つまり、「目立つところで活躍すれば、それだけ年俸にも跳ね返る」という岡山県人らしい計算があったと見るのは深読みだろうか。

そして、もう一人忘れてはならないのが、平松、松岡と並んで岡山高校三羽烏と言われた森安敏明《もりやすとしあき》（関西→東映）である。七〇（昭和四五）年に球界の「黒い霧事件」に巻き込まれて引退をやむなくされてしまう。その森安の二年上には、「あの月に向かって打て」で有名になった大杉勝男（関西→丸井→東映・日拓・日本ハム→ヤクルト）もいた。この人もまた、強烈な個性が光る一発屋の野球人生をまっとうした人だった。

広島

広商と広陵の対決図式と、市民が育てたカープが広島の野球文化

●七五年の広島カープ優勝で、県内にも野球新時代到来

一九五〇（昭和二五）年にプロ野球が二リーグ制となった年に、市民球団として広島カープが誕生した。それは、「戦災ですさんだ気持ちの広島に活力を与えるものがほしい」という市民の強い気持ちもあった。そして、街頭募金などを行ないながら球団を設立していったのである。そんな歴史の上に成り立っている広島カープである。だから広島市民、さらには広島県民にとってカープのへ愛着心は並大抵のものではない。

地元ファンの愛情と応援はあっても、市民球団は財政的に厳しいという問題が残った。選手獲得や強化という点において、どうしても東京や関西に後れをとることは否めない。長いシーズンを戦い抜くには駒不足ということは否定できず、毎年、五月の鯉のぼりのシーズンまでのカープなどと揶揄《やゆ》される時代が長く続いた。

その歴史が大きく変わったのが、七五（昭和五〇）年に突如としておきた「赤ヘル旋

風」である。この年、初の外国人監督としてジョー・ルーツを迎えていたが、シーズン途中で辞任し、生え抜きの古葉《こば》竹識《たけし》監督が就任すると、その後は勢いも衰えずチーム創設以来二五年目での初優勝を達成することになる。このときの、広島の騒ぎというのは、まさに前代未聞。広島県民のがさつなエネルギーがはじけまくった。「ワシのチームが優勝したんじゃけぇ」という思いが二五〇万人の県民（当時）すべてに満ち溢《あふ》れていたと言ってもいいだろう。

　当然、チームの主力だった山本浩二（廿日市《はつかいち》→法政大→広島）は、地元出身選手ということもあり、スーパーヒーローとなった。時代は折りしも、読売巨人の連覇が前年中日によって「9」で阻止されていた。しかも、この年はその巨人がスーパースター・長嶋茂雄新監督で期待されながら、球団史上初の最下位となるという画期的な年だった。中央集権的な匂いが強かったプロ野球が、地方の時代へと移り変わる象徴でもあったのだ。

　以来、カープは七九、八〇年の連続日本一を含め、六度優勝を記録している。プロ野球新時代の象徴的な存在ともいえた。

●『仁義なき戦い』に見られる熱狂的エネルギーが魅力じゃけぇ

それでは、そんな広島の県民性はどんなイメージかというと、一九七〇年代に公開された広島を舞台にした実録やくざ映画『仁義なき戦い』によって、印象づけられてしまったところもある。というのも、映画が大ヒットしたことで、ある年齢以上の人たちにとって、広島県人のイメージとして、そのエネルギッシュな姿が固定されてしまったのだ。リアルな広島弁の台詞《せりふ》にもあったのだろうが、若い人でも平気で自分のことを「ワシ」という感覚。また、「……じゃけぇのぉ」という語尾も映画のがさつなエネルギーが熱狂的な活力を広島人のイメージとして固定化しているかのようである。

確かに、スクリーンの中でも、広島弁の若者のエネルギーがはじけまくっていた。カメラをぐるぐる回す深作欣二監督の演出で、さらに躍動感を感じさせるものに仕上がっている。もちろん、広島県人すべてがそうかと言うと必ずしもそうではないだろう。しかし、広島カープに対する地元ファンの「いんちきをしても勝たせたいけぇ」という愛着心を見ると、その熱狂度と極度の郷土愛は、「己の土地は己で守らにゃあ、いけんのじゃけぇ」という、地場に対する溺愛《できあい》が感じられるのである。

●熱しやすく冷めやすいのが、広島県民のもう一つの側面

広島の野球人としてはやはり広島カープの選手が中心となる。前述の山本浩二はまさに、不遇の時代の広島にあって、チームを引っ張っていき、いつしか自分も球界の頂点に立ったのである。まるで『仁義なき戦い』のように、「ワシが天下をとるんじゃけぇ」という執念で、上り詰めていった。しかも彼は、選手としてばかりではなく、監督としても優勝を経験している。

しかし、もっと広島的な野球人というと、達川光男（広島商→東洋大→広島）が挙げられる。「ワシなんか、球団側も壁（ブルペンで捕手の球を捕ることがメインの捕手）でもええけぇ、広商の出身やったら獲っとけ、いうことで入ったんじゃないか思ってますよ」。そう言う達川は確かにドラフト五位で、大学出身の即戦力捕手の順位ではない。しかし、その裏には、「ワシらは上位で入ったヤツには負けとれんけぇ」という広島人独特のエネルギッシュなパワーがあり、それがバネになっていったに違いない。その一方で、「長いこと野球やっとりゃ、そのうちきっとええこともあるじゃろ」という、これまた広島県人独特の楽天的考え方が根底にあったのかもしれない。これは、山本浩二と同世代でもある三村敏之（広島商→広島）にも言えよう。それこそ、万年Bクラスの広島で、それでも

「いつか、ええことあるじゃろぉ」という気持ちで続けていくうちに、ベストナインにも選ばれ、気がついたらリーグ優勝まで経験してしまったのだ。

もっとも、市民球団広島が、いつしか常勝軍団となっていった七〇年代後半から八〇年代前半にかけて、果たして広島市民球場は連日満員だったのかというとそうではない。勝ち癖がついたらついたで、今度は勝つことが当たり前となってきた。かつては五割を超えたら大喜びだった時代のことはすっかり忘れてしまい、優勝争いから脱落でもしようものなら、「今年のカープはあかんのぉ、古葉もそろそろ辞めなあかんじゃろ」などと、かつては神様のように仰いでいた古葉監督のことさえも、飲み屋話で平気でクビにしてしまうのだ。そして、「カープの試合見ても、勝たんけぇ」などということを言ってしまう。地元への愛情と、可愛さあまって……みたいな部分が共存しているのも広島人の特徴かもしれない。

●広商・広陵時代から、広陵の独走に如水館《じょすいかん》が抵抗示す

そんな広島県だが、高校野球に関しては、戦前の中等学校野球時代から盛んだった。広島商、広陵がライバルとしてしのぎを削り合い、ネット裏では「広商vs.広陵」のファンが

『仁義なき戦い』よろしく、激しく抗争を続けていた。ただ、公立の広島商は女子生徒の増加も含めて、かつてほどの野球の広商のイメージはなくなってきてしまったのは少し寂しい。これに対して、広陵は伝統校としての地位をキープどころか、さらに強化されている。〇六年夏にも野村祐輔投手で準優勝を果たしているが、春は〇三年を含めて、三回全国制覇を達成している。多くのプロ野球選手も送り出し、今や完全に広島の高校野球をリードする存在となっている。

もともと高校野球は盛んな地でもあり、この両校以外にも、尾道商《おのみち》が六四年春に準優勝、崇徳《そうとく》が七六年春に全国優勝を果たしている。また、戦前には呉港中《ごこう》が藤村富美男《ふみお》投手(阪神)で優勝を果たしている。

新勢力として登場してきたのが高陽東《こうよう》と如水館だった。如水館は今や広陵のライバル的な存在といえるくらいにまで成長。かつて広島商を率いて全国制覇も果たした実績のある名将迫田穆成《さこたよしあき》監督の意地が感じられる。新勢力として躍進してきたのがその弟でもある迫田守昭《もりあき》監督が率いる広島新庄で、一四年春に悲願の初出場を果たしている。

また、大学野球では独自に広島六大学野球連盟を設立して独白の野球文化を育んでいる。近大工学部が最多の優勝回数を誇り、広島経済大が続く存在となっている。

鳥取

三都市それぞれの誇りがお互いぶつかり、刺激し合って個性を発揮

●忍耐強い勤勉家だが、地味な弱小県のイメージ

県民人口五九万人という数字は、人口だけで言えば全国一の弱小県ということになる。水森かおりが『鳥取砂丘』を大ヒットさせたことによって、その存在が思い出された感があるが、正直なところ砂丘でもなかったら、なかなかイメージをつくってもらえないというのが、鳥取県の悲しいところである。

そんな鳥取県民は、雪の多い山陰地方で頑張っているということで、忍耐強さは評価されているが、やはり引っ込み思案という印象もついてまわる。これは、全国的に同郷者が少ないということも影響しているのではないだろうか。もちろん、その分、県人同士の団結は強い。絶対人口が少ない割には、鳥取県人会などは多い。これは、一見控えめに捉えられがちな鳥取県人たちのアピールなのかもしれない。もちろん、それだけ郷土愛が強いとも言えるだろう。

また、地理的に言えば鳥取市を中心とする因幡《いなば》地区と、米子市を中心とする伯耆《ほうき》地区とに分かれる。どちらかというと、伯耆の人のほうが開放的で、商人気質があり、因幡はより保守的な部分が強い。ただ、いずれも人を押しのけてまで自己アピールをしていこうというような感じではないのが特徴である。

●中等野球の歴史的第一球を投じた自負

どちらかというと地味な印象の強い鳥取県人ではあるが、野球という面から言うと、歴史的に非常に大きな意味がある。というのは、一九一五（大正四）年八月一八日に、鳥取中の鹿田《しかた》一郎投手が第一回全国中等学校優勝野球大会の記念すべき第一球を投じているのだ。つまり、その後に延々と続いていく高校野球の長い歴史がそこからはじまったのである。しかも鳥取中は鳥取一中を経て、学制改革以後、鳥取西となるが、鳥取大会には継続的に出場を続けている。このことは、鳥取県の野球関係者にとって大いなる誇りと言っていいだろう。何事も、歴史的第一歩というのは大きな意義があるものだ。たまたま、組み合わせと日程の都合で鳥取中が開幕の投球を担うことになったのではあるが、全国一人口の少ない鳥取だということが非常に興味深い。

ちなみに相手は広島中（現国泰寺《こくたいじ》）という中国地区同士の対戦だった。結果は、鳥取中が一四対七で勝利を収めている。

鳥取西は、その後もコンスタントに甲子園に出場し続ける。決して大きく勝って上位に残るということはないが、かと言って初戦敗退が少ないのは見事である。このあたりは、それほど強烈に自己アピールはしないものの、それでも忍耐強く一つか二つはきっちりと勝って結果を出していくという、いかにも鳥取人らしい実績と言える。

鳥取西は歴史も古い進学校でもあり、県内では多くの人物を輩出している。それだけに、県民の期待も大きいのだが、そのプレッシャーにつぶされず、かといって出しゃばらずという点にもその存在意義がある。

●鳥取市vs.米子市vs.倉吉市の三つ巴《どもえ》

因幡の鳥取西に対して、伯耆では米子東が光る。米子中時代から鳥取中（鳥取一中）とはライバル関係にあり、お互いに意識し合っている存在のはずである。鳥取西が、甲子園への出場回数でも上回っているし、その分勝ち数でも勝《まさ》っている。しかし、実績という点においては、六〇（昭和三五）年春に米子東は準優勝を果たし、その存在を強烈に示した。因幡よりは自己主張が強く、開放的な伯耆の旗頭として、その面目躍如と言ってもいいだろう。もっとも、このところはこの両校が甲子園からやや遠ざかっている。代わって、高校相撲では上位の常連校でもある鳥取城北が野球でも台頭して来ている。

鳥取市と米子市の中間に位置するのが倉吉市だ。倉吉北が関西地区などの中学から有力な野球選手を積極的に入学させて、野球留学のさきがけとなった。とくに、七〇年代後半から、八〇年代にかけての高校野球は、完全に倉吉北がリードしていた。控えめで、あまり表にしゃしゃり出てこない鳥取人に対して、関西人の図々しさというか積極性が刺激となっていたことは確かであろう。

野球留学の是々非々は別として、この時代の倉吉北の活躍で県内の野球レベルがアップしたのは事実である。また、伝統校の倉吉東も八八、八九年春に連続出場を果たした。

忍耐の末に夢を実現していったと言えば、九二年のバルセロナ五輪マラソンで銀メダルを獲得した森下広一は八頭《やず》の出身だ。この八頭は近年野球部も力を発揮し、二〇〇一年、〇三年と甲子園出場を果たし、勝っても負けても一点差試合という好試合を演じている。〇八年春、一〇年夏も出場を果たしている。

島根

出雲の神々の見守る中での野球は、もう一つ地味な印象

●閉鎖的だが、我慢強くて人付き合いはいい

山の陰と書いて山陰地方というと島根と鳥取をさすが、そのイメージは島根の方が強い。それだけ、閉鎖的で自分たちの地域社会を守って生きるという感じがあるからだ。つまり、自分たちの土地を出る人が少なく、結果として高齢者が多いということになる。

高齢者が多いということには二つの理由が考えられるが、一つは他地区への流出が少なく、地元から出ていかないということ。そして、もう一つは温暖な気候で生活がしやすいということになるが、冬は雪が多く寒さも厳しい島根県の場合は後者の考え方は成立しにくいので、人の流出が少ないということになるだろう。

現実としては、農業生産高も年々減少傾向にあるというのも現実である。人口も七〇万人程度で、ここ数年は徐々に減少傾向となっている。人々が流出することは少ないが、暮らしやすいから流出しないのではなくて、中国山地に囲まれていて、地理的にも外へ向か

いにくいということもあろう。そんなところから、自分たちの土地に対する愛着心も、自然に育まれていったと思われる。気候的にも、必ずしも恵まれているとは言い難い土地であるから、勢い我慢強いという体質にもなっていく。

●鳥取県には絶対に負けるなという気概が垣間見える

島根県にとってのライバルと言えば、やはり隣の鳥取県だろう。山陰地方ということで一くくりにされるが、お互いが自分たちの県の独自性を主張していることは言うまでもない。鳥取は「砂丘」という知名度の高い観光スポットがあるのに対して、島根のそれはやはり、出雲大社ということになる。畏《おそ》れ多さという点では、こちらのほうが勝っているものの、社会的認知度や、観光スポットとしての人気度としては、残念ながら鳥取県に一歩譲ることになる。

実は、野球に関しても同じで、鳥取県の鳥取西、米子東に相当する学校として大社《たいしゃ》と浜田がある。大社は大正時代には杵築《きづき》中と言っていたが、その時代から鳥根県の中等野球をリードする形で、甲子園にも登場している。その後、大社中から今日に至るのだが、一九一七（大正六）年の第三回大会にベスト４に進出した実績がある。しかし、正直なところ甲子園で活躍しているという印象は強くない。

実際、大社以外の学校を含めて甲子園での実績を見比べてみても、春夏合わせて二五回の甲子園出場実績のある鳥取西や二一回出場実績のある米子東が五割近い勝率を上げているのに対して、島根県勢はそこまで至っていない。島根勢として甲子園で一番勝っているのが浜田で、九八年夏に和田毅（早稲田大→ダイエー・ソフトバンク→カブス）を擁し、三回戦で帝京を倒すなどしてベスト8に進出しているくらいだ。

また、鳥取県の倉吉北的な存在となっているのが、石見智翠館《いわみちすいかん》だろう。江の川時代に名を挙げたが、関西や山陽地方からの野球留学生などを多く取り入れ、チーム力を強化している。谷繁元信（横浜→中日）も出身者だが広島県の比婆《ひば》郡から山を越えて山陰へやってきた選手である。谷繁のいた八八（昭和六三）年以来の甲子園で勝利を飾った〇三年夏の江の川はベスト4に進出。例年ならば夏の大会は早々に大会への興味が失せてしまう島根県人を最後まで甲子園に目を向けさせた。もちろん、これは今後、島根球児の大きな励みになっていくことだろう。近年は開星《かいせい》が躍進してきてその存在を示しているが、山陰では珍しい大学の系列校でもある立正大淞南とともに、石見智翠館と三つ巴の戦いを演じている。

●野球人のネームバリューでは鳥取をリード

高校野球の実績では、鳥取県に一歩譲っている島根県だが、輩出している野球人ということでは鳥取県をリードしている。浜田出身では前述の和田をはじめとして梨田昌孝（近鉄）は近鉄監督、日本ハム監督としてリーグ制覇を果たしている。NHKのスポーツキャスターとしても自己主張は少ないが、きっちりとツボを押さえた解説は島根県人の堅実さが感じられる。NHKキャスターと言えば、大野豊（出雲商→出雲信用金庫→広島）も同様のタイプで、やはり出しゃばらず堅実な解説が多くの支持を得ている。

大野の後を継いで広島カープ投手陣のリーダーを担っていた佐々岡真司（浜田商→NTT中国→広島）も息の長い投手だ。決して派手に出てくるわけではないが、きちっと自分の仕事をこなしていく堅実なタイプである。

この三人に言えることとは、長い現役選手生活を一つの球団でプレーし続けていったことだ。これも、県内定着率の高い島根県人気質であるとも言えるのではないだろうか。

同タイプとしては、中日での捕手生活をまっとうした新宅洋志《しんたくひろし》（浜田→駒澤大《こまざわ》→中日）もいた。同時代に木俣達彦（中京→中日）がいて、出場機会にはなかなか恵まれないにもかかわらず、一三年間中日でプレーし続け、地味ながらオールスターにも選出されている。

山口

歴代首相を八人も輩出した主張力は野球にも

●歴代総理大臣最多輩出は何といっても山口県の誇り

何といっても山口県の誇りは歴代総理大臣の輩出の多さで、初代伊藤博文から現在の第九六代の安倍晋三まで八人おり、これは全国一位である。明治時代には、初代内閣総理大臣の伊藤博文にはじまって、三代山縣有朋《やまがたありとも》、陸軍大臣から昇格した桂太郎《かつらたろう》、寺内正毅《てらうちまさたけ》を輩出。さらに、昭和になって田中義一《ぎいち》が就任している。戦後になっても、一九五七（昭和三二）年の岸信介《きしのぶすけ》や約八年にもわたる長期政権を維持した佐藤栄作、そして一二年に再就任した安倍晋三といずれも国政に大きな影響を与えた人物ばかりである。

その背景には、明治維新の激動の中で長州《ちょうしゅう》藩が大きな影響力を持っていた歴史的な要素もあるだろう。それを支えているのは勉強熱心で議論好き、理想に燃える一方で、強烈な自己顕示力があるという県民性が一因となっているに違いない。

産業的には、県庁所在地の山口市が九州への玄関口であり、韓国との交流も盛んな下関も大きく栄えていて、街としての活気もある。さらに下関をターミナルとして、セメント工業や重工業の盛んな小野田市と宇部市があり、東へ行くと新南陽市と徳山市。さらには錦帯橋《きんたい》があり観光地としても知名度のある岩国市など、それぞれの都市が独立した意識で存在している。また、下関から日本海側へ向かうと、萩市がある。萩藩は明治維新に木戸《きど》孝允《たかよし》（桂小五郎）などを輩出しており、中央志向の強い野心家が多い。

このように、いずれの都市も、県内はもちろん常に大局を見据えていこうという傾向が強いようだ。薩摩藩の「不言実行型」に対して、長州藩のそれは「有言実行型」と言っていいだろう。

●プライドも高く、自己顕示欲の強い野心家たち

歴代首相を八人も輩出しているというだけでも、山口県民はプライドが高くならざるを得ない。そんな要素は、下関の名産であり、一般的には「ふぐ」と呼ばれるものを、いずれの店でも「ふく」と表記し、細かなこだわりを見せているところにも表われている。かつて、旧制高等学校が存在した頃、山口高等学校生らは自らを「鴻南《こうなん》の士」と称していたように、大言壮語し天下を語る気質は、より強かったのだ。

野球人としては池永《いけなが》正明（下関商→西鉄）が代表的だが、かの球界の「黒い霧事件」で、永久追放という処分を受けた。二〇〇五年になって、ようやくその処分が解けたが、球界を担うエースとしての誇りから、一切の言い訳をしないでその処分を受け止めたかつての姿勢は、プライドを守り通す山口県人らしい姿である。

また、若くして夢半ばでこの世を去った、津田恒美《つねみ》（南陽工→協和発酵→広島）もスピードにこだわり、そのストレートに誇りを持っていた山口県人らしい選手だった。「弱気は最大の敵」という言葉を常に座右の銘として、味方のピンチに登場してはストレートで相手打者を切って捨てる。そのスタイルはまさに「有言実行型」の真骨頂であった。

●思わぬところが甲子園で活躍する背景は、自己主張のあらわれ

高校野球の歴史を追ってみると、山口県勢の意外な実績に気がつく。それは、都合八回の決勝進出があり、池永投手のいた下関商の六三（昭和三八）年の春夏を除くと、いずれも大会前にはさほど高い評価を得ていなかったにもかかわらず、大会の進行とともに力をつけていき、気がついたら決勝まで残っていることだ。こういった意外なチームの活躍も、大会に出場した以上は目立ってやれ、という自己顕示欲や、代表としての高いプライ

ドがあるからこそなのだ。

圧巻は六四年夏に初出場した早鞆《はやとも》だ。そもそも山口大会を勝ちあがってきたのがトリッキーだった。というのも、この年の山口大会は前年春夏決勝進出を果たしている下関商のエース池永が健在で、最後の夏を迎えており、絶対的な本命とされていた。それが敗れて、早鞆が初の甲子園出場をつかむと、海星、作新学院、海南《かいなん》、岐阜商を下す。決勝では高知に敗れたものの、全国に早鞆の存在を一気に知らしめた。ところで、早鞆と言えばその三年後には歌手の山本譲二が甲子園に出場している。代打で出てヒットを飛ばしたことが評価されて、恩師となる北島三郎が、「甲子園でたった一度のチャンスでヒットを飛ばせるのならば、芸能界でもヒットを飛ばせるだろう」と入門を許可したというエピソードがある。

また、七四（昭和四九）年の防府《ほうふ》商も夏の初出場から一気に決勝にまで進出している。やはり、大会前は決して下馬評は高くなかったものの、一つ一つ力をつけていき、準決勝では定岡正二（読売）を擁する鹿児島実を二対一で下し、薩長戦争を制しての決勝進出を果たしている。決勝では、土屋正勝（中日→ロッテ）の銚子商に敗退するのだが、大いに存在感を示した。

柳井《やない》も五八（昭和三三）年夏に優勝し、それから一四年間甲子園から遠ざかっていたかと思うと、七二年夏に復活すると再び決勝にまで勝ちあがっている。決して下馬評の高いチームではなかったが、不思議と負けないチームだった。

そんな山口県の高校野球、リーダー格的存在としては宇部商だ。下関商が築いた山口県の高校野球の土壌を確実なものにしていった。甲子園でも六六（昭和四一）年春の中京商（現中京大中京）、桑田・清原のいたＰＬ学園、旋風を巻き起こした八八年の浦和市立、甲子園史上初の延長一五回ボークによるサヨナラ負けを喫した豊田大谷戦、〇五年夏の京都外大西戦など、幾多の好勝負を演じてきている。

甲子園で思わぬ形で結果を残す山口県勢の実績は、実は大学野球の神宮でも継承されている。九四年に下関市にある東亜大が東北福祉大、早稲田大などを相次いで下して二度目の全国優勝を果たした。そして、翌年も中央大、日体大、慶應義塾大と東都、首都、東京六大学の覇者をことごとく撃破して頂点に上り詰めている。

九一年創部と歴史は浅いが、その存在は早くも中央球界で脅威の存在である。政界に続いて、長州からの天下とりは大学野球でも着実に進行している。追随する徳山大も近年充実している。

第七章 四国編

香川

大阪気質の関西商法的発想と四国の豪快さとが融合

●交通網の発達で準関西化が進む香川県

瀬戸大橋の開通によって四国は完全に本州との陸続きという認識を担ってきた。とくに、関西に面している香川県と徳島県では、その意識は強くなってきた。何しろ大阪から三時間程度で高松に着いてしまうのである。とくに、四国の玄関口となっている香川県ではより関西化が進行していると言える。

香川県はもともと関西の文化を受け入れやすい土地柄でもあり、早くから商業が発達した。新しいものを積極的に取り入れていきたいという関西流と、すべてがそれに侵食されてはいけないという島国気質独特の保守性とが微妙に融合された県民性を持つのが香川だ。

香川県と言えば、すぐに「讃岐うどん」と答えが返ってくるように、うどんが名物として定着している。福岡市内でどこへ行っても「博多ラーメン屋」があるのと同様に、街のどこでも「うどん屋」を目にすることができる。近年、讃岐うどんの関東進出も著《いちじる》しい が、これはもともと讃岐人が持っていた開放性が一気に外へ向けられた成果だろう。四七都道府県の中で一番面積が狭いのが香川県である。だから、外に目を向けていかないと、住むところが少なくなっているという現象もあるのだ。とくに、意識としてはすっかり関西人になっている人も多いだろうから、大阪の人が簡単に東京に出張するように、気楽に関東へも進出するようになったのだ。香川県は今や四国の玄関から、四国から関東への玄関口になろうとしている。

かつては、宇高《うこう》連絡船が本州との接点となっていた時代には、近くて遠い本州という意識があったかもしれない。当時の人たちの話では、連絡船への通路をなぜか走っていくことが多く、そのことで四国と本州の距離を感じていたのだ。ところが、道路でつながってからは、四国そのものの意識が変わってきたことは確かである。

とはいえ、人口一〇〇万人程度の香川県である。学校数も少ないし、甲子園出場校も限られている。しかし、その香川県も高校野球では明らかに一時代をつくっていた時代があった。また、中等野球から高校野球という歴史を追ってみると、その重さも十分に背負っているのである。

●高松商の背負った歴史は重くて大きい

香川県は、かつて中等学校野球全盛期には四国をリードするどころか、全国でも主導的な位置づけにあった。その旗頭として存在していたのが高松商である。一九二四（大正一三）年四月一日にはじまった、現在の「春のセンバツ」につながる第一回選抜中等学校野球大会を制したのは高松商だった。ただ、この大会は甲子園球場ではなく、名古屋市内の八事《やごと》球場で開催されている。

高松商は香川商時代からの古い歴史を背負っており、センバツの第一回大会優勝校以外にも輝かしい歴史と伝統がある。歴代OBもプロ野球草創期に尽力した宮武三郎（慶大↓阪急）や、戦前から戦後すぐの時代のミスタープロ野球的な存在でもあった水原茂（慶大↓奉天実業↓読売）といった名前が浮かんでくる。もちろん、甲子園が久しくなってしまった今でも県内の人気は圧倒的なものがある。ユニフォームのデザインも、当時からの関係で慶應のイメージを強調している。

球界の紳士と言われた水原茂は慶應ボーイだからということで、そのスマートな立ち居振る舞いが「カッコいい」と言われていた。ただ、実は新しいものへの関心が高く、それを独自のスタイルとして自分に取り込む讃岐人気質によるところも大きかったのではないだろうか。一見頑固なようで、実は読売巨人軍だけにこだわっていたのではなく、東映や中日でも監督を歴任。こうして見ると、人付き合いのいい開放性が、自身の「勝負師根性」と融合して他球団でも采配《さいはい》をふるうことをいとわなかったともとれる。

　いずれにしても、高松商が香川県の高校野球を引っ張り、県内だけではなく、隣県の早稲田カラーの強い松山商を絶対的なライバルとして、「四国の早慶戦」を演じていた。それが、確実にお互いのレベルをあげていったことも確かである。それだけに、このところの低迷気味はやはり寂しい。平成に入ってからは春に二度、夏は一度のみの甲子園出場しかない。それでも、チームの人気としてはやはり県内一で、練習試合だけではなく、毎日の練習も見学に来るほどのファンがいる。

「ダンディズム水原」も「三原マジック」も讃岐人野球の典型

　香川県の野球人と言えば、水原茂を追うように高松中に三原脩《おさむ》が登場してくる。水原の慶應に対して、三原は早稲田へ進んでライバル意識を示す。三四（昭和九）年に職業野球契約第一号選手として大日本東京野球倶楽部と契約している。その後、三六（昭和一一）年から巨人で水原と一緒になる。ダンディズムの水原に対して、三原は助監督ということもあったが、理知的で指導能力が高く評価されていた。現役引退後は、読売→西鉄→大洋→近鉄→ヤクルトと監督を歴任。五六（昭和三一）年からの西鉄での三連覇や、六〇（昭和三五）年に前年の最下位から大洋を優勝させた手腕は「三原マジック」と、当時のマスコミにもてはやされた。

緻密《ちみつ》な計算と、その上に立った大胆な采配は、まさに全国一小さい県の香川県人的要素と、関西商人的な大胆な側面のあらわれだ。その三原監督の西鉄監督時代の主力選手に中《なか》西太《にしふとし》がいた。

中西は高松一出身で、四九（昭和二四）年に一年生で三塁手として出場するが、そのときから打球の飛距離が超高校級で「怪童」という呼ばれ方をした。中西が三年生となった五一（昭和二六）年夏にはベスト4に進出。香川は高松商だけではないということを強烈にアピールした。五二（昭和二七）年に西鉄に入団すると、新人王を獲得、翌年には本塁打王と打点王にもなっている。西鉄黄金時代の主力として三原監督を支えるが、六二（昭和三七）年からは二八歳でプレーイングマネージャーとして活躍した。この中西は水原とも三原ともタイプは異なるが、香川県の野球人としては代表的な存在である。

かつては人材輩出県として全国に誇っていた香川ではあるが、近年はスーパースターが出てきていない。

全国大会の実績としては、九五年春に観音寺《かんおんじ》中央が彗星のようにあらわれて全国制覇を成し遂げた。「どっこい香川県野球は負けへんで」というところを示したのだ。観音寺中央はこの年は夏にも甲子園出場を果たしている。

●関西文化の受け入れと同様、尽誠《じんせい》学園以降は関西勢力が席巻

高松商や高松一の後に台頭したのが尽誠学園だ。善通寺《ぜんつうじ》市にあるが、八三（昭和五八）年に甲子園出場を果たして以来、県内では徐々に力を見せだし、八〇年代後半からは完全に香川県のリーダー的存在になった。

もっとも、尽誠学園は関西のボーイズリーグやシニアリーグで活躍してきた選手が多く、まさに関西野球文化を積極的に導入して成果を発揮している。とくに、交通網の発達は選手たちにとっても、大阪や兵庫から、ちょっと足を延ばして隣県へ進学しているという意識をもたらした。伊良部秀輝《いらぶひでき》（ロッテ→MLB→阪神）や、谷佳知《たによしとも》（大阪商大→三菱自動車岡崎→オリックス→巨人→オリックス）、佐伯貴弘（大阪商大→横浜→中日）、大沼幸二（プリンスホテル→西武→横浜）といった、尽誠学園出身のプロ野球で活躍している

選手の多くが大阪出身だ。それだけ、大阪から素質の高い選手がたくさん来ているとも言える。これはまさに、高松市に関西資本の会社の支社や支店がどんどん登場してきている産業現象とも似ている。

そして、尽誠学園の成果を追うように藤井学園寒川《さんがわ》、英明《えいめい》、香川西といったところが相次いで似たようなシステムで、甲子園出場を果たしていった。

ところで香川は、産業的には讃岐うどんのほかにはオリーブの栽培が盛んである。このオリーブを積極的にアピールしていこうという動きは県内の野球界にもある。県内のメイン球場も「オリーブスタジアム」と呼ばれている。〇五年にスタートした四国独立リーグでも香川オリーブガイナーズというチーム名になっている。ちなみに「ガイナ」というのは、讃岐弁で、「伊良部は、がいなやっちゃな（伊良部は、強い選手だな）」と言うように、強いことを「がいな」と言うところからきている。

愛媛

文化意識と知的意識は高いが、ほどほどの生き方を好む

●野球文化発祥地としての意識が県民の誇りでもある

四国四県はそれぞれ強い個性があると言われているけれども、文化意識や知的向上心が一番高いのは愛媛県だ。日本最古の温泉と言われる道後温泉があり、観光事業は早くから発達していた。また、そういう土地だからこそ遊興・娯楽が栄えやすくもあった。夏目漱石の小説『坊っちゃん』にも描かれているような、いたずら好きなところも、道後温泉や温暖な気候の中で、あくせくせずのんびりと生きてきたことのあらわれだろう。

そう考えると、当初は遊技の一つとしての野球が受け入れやすかったということもあったに違いない。野球との関わりで言えば、松山出身の明治の俳人・正岡子規が俳号として「野《の》ボール」（つまり野球ということ）と名乗っていたというような記録もある。正岡子規が松山にいたのは一七歳の頃、一八八三（明治一六）年までなのだが、その時代にはベースボールという球戯は伝わっていた。

文化意識や知的好奇心は強いが、どちらかと言えばのんびりとしている愛媛県人気質である。だが、そんな歴史的背景があるだけに、中等野球の時代から愛媛県は四国をリードしてきた。隣県の香川県に対してもいつもライバル心をむき出しにしていた。これがレベル向上にもつながったのである。全国大会の出場に関しても、第一回から三回大会までの代表は譲ってはいるものの、以降は松山商を中心にほぼ愛媛が独占していくという状況になる。

松山商は香川の高松商と同年の創立だが、野球部の創部は学校創立の翌年の一九〇二(明治三五)年と高松商よりもはるかに早い。つまり、四国で一番古い野球部ということになる。ここでも、野球に対する愛媛県の優越性がある。松山商は二五(大正一四)年春に、最大のライバルで前年の優勝校・高松商を下して念願の全国制覇を果たす。前年の春に香川県の高松商に先を越されてしまっただけに、松山商としては、「意地でも高松商には負けたらあかんぞな」という気持ちになっていたのだ。

●日本の野球史を支えた錚々《そうそう》たる名がいくつもあがる松山商OB

松山商は以降、春二回、夏五回の全国優勝、準優勝も夏四回という記録を残している。

どちらかというと夏の大会に好成績が多いということもあって、「夏将軍」という呼ばれ方もする。しかも、中京商（現中京大中京）の春夏連覇の決勝戦の相手になったこともあるが、太田幸司のいた三沢と大会史上初の決勝戦延長一八回引き分け再試合の末、見事優勝を飾っている。

九六年夏の熊本工との決勝では延長戦で、奇跡の好返球でサヨナラの走者を刺した。そして、その次の回に勝ち越して、中等野球時代からの名門校対決を制して優勝を果たしている。こうして、球史の節目にはその名が登場しているのも、さすがに名門校だ。

松山商は超名門校だけにOBにも錚々たる野球人が名を連ねている。

主だったところだけでも、三五（昭和一〇）年の巨人軍創立に参加して監督となった藤本定義（早大→東京鉄道局）、三六（昭和一一）年に阪神初代監督になり、その後アマ球界では早稲田大で九度のリーグ優勝を果たし、大洋球団の代表にもなった森茂雄（早大→東京クラブ→イーグルス）。三八（昭和一三）年に読売入りし、二塁手として活躍し、「猛牛」のニックネームで親しまれ、元祖「巨人の背番号三」として知られ、近鉄の監督も務めバファローズ命名のきっかけとなった千葉茂（読売）もいる。

また、読売時代にはエリート江川卓（作新学院→法大→読売）に対して雑草のエースと言われた西本聖（読売→中日→読売）、早稲田大でベストナインに四度選出され、主将も務めた水口栄二《みずぐちえいじ》（早大→近鉄→オリックス）などもそうだ。名前を挙げていくだけでも緊張のあまり、こちらの手が震えてくるくらいの顔ぶれである。とにかく、高校（中等）野球だけではなく、日本の野球そのものに影響を与えてきた人たちが目白押しなのだ。

しかも、松山商の素晴らしさは、時代が移り変わって、新しい学校が台頭してきてもその地位は変わらず、明治～大正～昭和～平成と野球部が確実に四つの時代で歴史をつくってきていることである。〇一年夏にも阿部健太投手（近鉄→オリックス→阪神→ヤクルト）でベスト4に進出している。

ただ、近年は苦戦状態が続いているのもまた時代の流れだろうか。

●典型的な愛媛県人の上甲《じょうこう》監督が宇和島東、済美《さいび》で初出場初優勝

松山商を中心として進んできた愛媛県の高校野球ではあるが、もちろん他校だって黙って見ていたわけではない。今治西《いまばり》は県勢としては松山商よりも一年早く、香川勢を打倒して全国大会に出場している最初の学校だ。県内で松山商のライバルとしての位置づけとして成長し、今では県内をリードする存在だ。まだ全国優勝こそないが、県内では西条《さいじょう》以

上の存在と言っていい。

西条は五九（昭和三四）年に金子哲夫投手や森本潔遊撃手（立教大→三協精機→阪急→中日）などの活躍で優勝を果たしている。この森本も、阪急、中日では「ヒゲの森本」として親しまれ、マイペースを守り通した。また、西条の出身者では読売監督として実績もある藤田元司《もとし》（慶大→日本石油→読売）が知性派の愛媛県人、独特のニュアンスの高校野球解説で人気のあった池西増夫（関西大→電電近畿）はマイペース型の愛媛県人として、ともにNHKの解説者として定評のあったプロ・アマの代表格である。

しかし、何と言っても最近では女子校から共学校となるや否や二年目で甲子園出場、〇四年春にいきなり全国制覇を成し遂げ、その夏にも甲子園で準優勝を果たすという快挙を演じた済美の活躍が特筆ものである。その済美を率いる上甲正典《まさのり》監督は、八八（昭和六三）年に宇和島東でも初出場初優勝を記録している。ベンチではいつも白い歯を見せて笑顔を絶やさないのだが、選手をリラックスさせるためにベンチでどのように笑顔をつくったらいいのかということを鏡を見ながら研究するなどの、ユニークなエピソードも残している。強攻のようで手堅く、手堅いかと思ったら、いきなりの強攻策に出る。笑顔とともに、どう出てくるかわからない野球はまさに、愛媛県人独特の「どうにかなるぞな」という楽天的な開き直りと、計算しつくされた裏づけとがうまくかみ合った産物である。

上甲監督の済美は一三年春にも安楽智大《あんらくともひろ》の活躍で準優勝し、その存在が再認識された。ところで、前任の宇和島東は学校の歴史そのものは古い。交通も不便で、野球ということを考えれば地理的な不利は否めなかったはずである。井上靖の小説『闘牛』の舞台にもなっているが、街としては文化も産業もそこで独立しているような遠隔地である。公立校なので、決して広い範囲で選手を獲得することもできないのだが、そんな田舎の地方都市の普通の学校を一気に強豪に引きあげたことで上甲監督も評価された。全国制覇から五年後には、平井正史《まさふみ》（オリックス→中日→オリックス）で春夏の甲子園出場している。平井は幼い頃から漁を手伝って船に乗り、自然に足腰が鍛えられたとも言われていた。これもまた、地場に根づく高校野球らしいエピソードだ。

●県の規模の割には全国での勝ち数が多い

基幹産業面では四国一の愛媛県とはいえ、全国的に見たら規模は決して大きくはない。その割に甲子園での勝数が全国九位となっているのは見事だ。福岡県、静岡県、千葉県などよりも上位に位置している。

その背景として、松山商だけではなく、前述の済美や宇和島東の優勝もさることながら、五九（昭和三四）年夏の西条が優勝しベスト4も二度経験。七五（昭和五〇）年夏の新居浜《にいはま》商と九〇年春の新田《にった》が準優勝している実績が大きい。他にも、今治西が六三（昭和三八）年夏、七三（昭和四八）年夏、九五年春、九九年春にベスト4に進出、川之江も〇二年にベスト4進出と、いずれも甲子園に登場すれば簡単には負けない強さがある。その積み重ねが結果的に、大規模県を上まわる実績になっているともいえる。このあたりも、一見がつがつしていなさそうで全国の檜舞台ではマイペースで戦うことができるという愛媛県人の余裕が、結果として好成績につながっているはずだ。

四国の中では、何かと香川県との対抗意識がある。勝ち数、優勝回数いずれも愛媛県がリードしており、これも愛媛県人の「四国一」というプライドを満たしているだろう。ただ近年は明徳義塾を擁する高知県の追い上げが著しい。

県内のメインスタジアムの坊っちゃんスタジアムを中心として開催される四国独立リーグでは、愛媛マンダリンパイレーツがある。ちなみにマンダリンとは愛媛民家のことを意味し、パイレーツとはその昔、瀬戸内海で一世を風靡した藤原純友らの海で暴れた水軍の武士たちを意味している。

大学野球では松山大が四国の雄としての地位をキープしている。松山大はかつて松山商科大といったが、その時代からスポーツにも力を入れていた。四国で最初の私立大という誇りもある。近年、野球では四国学院大と競い合っている。ここでも香川県と争っているのだ。

かつて、高度成長時代に重化学工業が栄えた時代は丸善石油が全盛を誇った社会人野球だが、現在ではクラブチームの松山フェニックスが一四年の都市対抗出場を果たして気を吐いている。

徳島

阿波女と阿波踊りの陰で、倹約家で慎重なのが特質

●阿波踊りの陽気さの陰には、慎重で内気なところも垣間見える

徳島県と言えば誰もがはじめに阿波踊りを連想する。その阿波踊りは、「踊る阿呆《あほう》に見る阿呆、同じ阿呆なら踊らにゃ損損」というのがキャッチフレーズになっている。いかにも陽気で、一晩中踊り明かして後先を考えないような印象を与えるが、実はそうではない。むしろ、それは一種のカムフラージュで、その内実は慎重で倹約家。さらには、意外に内気でいながら実は計算高いというものだ。

その背景には、産業と交通の関係も影響している。徳島県の主要産業の一つとして、古くから吉野川流域で栄えた藍染《あいぞめ》産業がある。現在でも「藍の館」という施設が設けられていて、観光客は実際にそこで藍染を体験することもできる。藍染は手間のいる仕事で、慎重に作業を進めていかなくてはいけない。そんな背景が、徳島県民を慎重でコツコツと一つのことを蓄積していくタイプにしていったようだ。

そして、その藍染を船で大阪へ運ぶことによって、大阪商人との交流も増えた。大阪商法を学ぶことで、もともと実利主義の徳島人に、より一層の倹約精神とシビアに対処していく術が植えつけられたのだ。そういう習性を身につけている女性は、勤勉でしっかり者ということになる。だから、「讃岐男に、阿波女」と言われるくらいに、女性の評価が高い。瀬戸内寂聴、柴門《さいもん》ふみなどは代表的な阿波女ということになる。

●蔦《つた》監督の池田野球に顕著に表われよったんが徳島県人気質なんじゃ

徳島県の野球というと、あまり高校野球に詳しくない人でも、蔦監督の池田を思い浮かべるだろう。それくらいに、池田の高校野球は一世を風靡した。まさに高校野球の一時代を形成したと言っても過言ではない。

池田の野球というと、初めて全国に知られたのは一九七四（昭和四九）年春の、わずか一一人で甲子園準優勝に輝いたいわゆる「さわやかイレブン」時代である。しかし、蔦監督本人は、ことのほか爽《さわ》やかさを強調するマスコミに対して否定的にこう言っていた。

「あれは、爽やかでも何でもないんじゃ。ワシのしごきがキツイけん、皆逃げてしもうて、たまたま残ったんが一一人だっただけのことじゃ」

これも、それなら残った者だけでやれるだけのことをやってみよう、という徳島県人独特の実利主義に即したものである。

次に池田が注目を浴びるのは、金属バットの導入に伴って、強力打線を看板として、八三（昭和五八）年夏は畠山準《はたやまひとし》（南海→横浜）、翌年春は水野雄仁《かつひと》（読売）といずれもプロ入りするエース兼四番を中心として、全国優勝を果たして完全に池田時代を形成したときである。どんなときにもガンガン打ってくる戦法は、蔦監督の風貌と相まって「攻めダルマ」と言われ、その金属音は、阿波池田の山並みに響くこだまをイメージして「山びこ打線」と称せられた。一死三塁でも決してスクイズを試みない野球は、高校野球革命とも言われたくらいである。それは、強気一本の豪快な野球と思われがちだが、その内実は違っていた。

「ホンマのこと言うと、スクイズする勇気がないだけなんじゃ。ほなけん、来た球をイケーゆうて、打たっしょるだけなんじゃや。もちろん、打てるように練習はようけしよるけんな。スクイズよりも、安全なんじゃ」

これこそ蔦野球の神髄というものだ。つまるところ、博打《ばくち》的なスクイズよりも、しっかりと打てる打線をつくりあげれば、そのほうがよっぽど堅実だということだ。実は、徳島県人ならではの計算の上に成り立ったものなのである。

●板東英二の金銭感覚も徳島県人ならではのもの

今やすっかり芸能タレントとしてのイメージの強い板東英二も、れっきとした徳島県の野球人である。徳島商時代には、いまだに高校野球で破られていない大記録を樹立している。五八（昭和三三）年夏にはエースで四番として甲子園出場を果たし、準々決勝では魚《うお》津《づ》相手に延長一八回〇対〇のまま、引き分け再試合を演じることになるのだが、その試合では合計二五個の三振を奪っている。一試合の奪三振記録としては、延長が一五回となった今、半永久的に破られることのない快記録だ。板東の記録はそれだけではない。結局、この大会で準優勝を果たすことになるのだが、大会通算の八三奪三振は、永久に破られることのない記録になるだろう。

そんなスーパースターは、ドラフト制度がまだなかった時代の逸材だけに、各球団から破格の条件が出されていた。最終的に中日が激しい争奪戦の末に獲得することになるが、ちなみにこの年、同じ高校生選手でもう一人のスーパースターがいた。同じく破格の条件で読売が獲得した早稲田実業の王貞治である。

その板東は、主として今で言うストッパーとして活躍したが、当時はセーブ王という制度も、ファイアーマン賞という表彰もなかったので、通算四三五試合に登板した割には、通算勝ち星七七という記録のみが残っているだけなのは気の毒である。計算高い徳島県人としては、非常に悔しかったのではないだろうか。つまり、労働に対しての対価が見合わないということである。引退後は芸能人に転身して、お金にまつわるトラブルなども報道されて、妙に金銭感覚が細かい人というイメージを与えてしまっている。だけど、実は徳島県人として、野球における労働に対してのコストパフォーマンスの割の悪さを、芸能界に転身してから生涯を通じて取り返しているにすぎないのかもしれない。

●ジャンボ尾崎も上田利治も徳島らしさを露呈する

徳島県の高校野球は、板東英二以降も徳島商が中心だった。もともと、四国の高校野球は中等学校時代から、各県で商業校が強く、とくに県庁所在地にある商業校は人気があり、戦後になっても、県内の有力校としての存在をキープしていた。徳島県の場合は、徳島商の間隙《かんげき》を縫って、鳴門も活躍した。やはり、池田と同じようにガンガンと打ちまくるチームで、これは「渦潮打線」と称せられた。

六四（昭和三九）年春には、徳島海南が全国制覇を果たすが、このときのエースで四番はプロゴルファーのジャンボ尾崎こと尾崎将司である。プロ野球では西鉄入りするものの、今ひとつ活躍はならず、早々にプロゴルファーに転じて大成功した。この尾崎も、ツアーで何度も優勝して賞金王になっても、スポーツマスコミからは「ケチだ」としばしば指摘されていた。実は、ケチと言うよりは、きっちりと将来設計まで考えた計算をしていたとも取れるのだが、見た目の豪快さが、そう思わせたのだろうか。しかし、海外のトーナメントで意外に弱いところも、実は徳島県人らしい、内気な面が顔をのぞかせていた。

徳島海南出身というと、選手時代よりも監督となってからその力量を発揮した上田利治（徳島海南→関西大→広島）を忘れてはいけない。現役では捕手としてプロ三年間でわずか一二一試合出場という記録しか残っていない。しかし、わずかそれだけの実績しかない選手なのに、広島にコーチとして迎えられたのだ。さらに阪急へ移り、コーチから監督となっていく間に野球学を学び、球界を代表する名将となっていった。計算高さが、いい形で野球に反映されたと言ってもいいであろう。

●徳島商が中心だが、鳴門も再浮上してきて競い合う

　徳島県は私立校が少ないことでも際立っている。野球ということでいえば、甲子園出場の可能性があるのは生光学園《せいこう》だけだ。全県人口が八〇万人に満たないのだが、主に県中央を流れる吉野川沿いに街ができ、河口に徳島市がある。そして、淡路島と繋《つな》がった鳴門市と、紀伊半島と船で繋がっている小松島市がメインとなっている。甲子園も池田を除くとほとんどの場合その中から出場を果たしている。徳島商に対して、ライバル的には鳴門がいるが一二、一三年と連続出場するなど近年再浮上してきている。

　また、〇二年春に準優勝した鳴門工はかつての鳴門商の鳴門第一と合併して鳴門渦潮という校名になった。川島とともに、注目の新勢力でもある。

　大学野球や社会人野球では控えめだが、これは徳島県民性もあろうが、大塚製薬以外は対外的にインパクトのある企業も少なく、学生も関西などへ進学傾向が強いという地理的な要素も大きいであろう。

高知

明治維新の志士たちの反骨精神を受け継いで進取の気性に富む

●頑固で負けず嫌いの「いごっそう」の精神で人材を多く輩出しちょるきに

県境が山で囲まれている高知県は、四国の中でも独立したイメージが強い。事実、高知県の人たちは意を決して上京して一旗あげようという人も多い。交通を見ても、四国と関西を結ぶ橋が開通したとはいえ、大阪に出るよりも、そこにたどり着くまでに時間がかかる。どうせ飛行機に乗っていくのであれば、一気に東京に出るほうが便利という意識もあるのだ。

さらには、明治維新に進取の精神に富んだ坂本龍馬や中岡慎太郎といった志士たちが育《はぐく》んだ反骨精神というものが歴史的に根づいていることもあるだろう。高知県民の中央志向や、大言壮語して天下国家を語るような意識が営々と育てられてきたのだともいえる。つまり、高知県民は、常に日本のど真ん中に位置することを目指しているのだ。そう言えば、中村市を舞台とした青春映画の傑作『祭りの準備』(一九七五年ATG・黒木和雄監督作品）のラストシーンでも、「東京へ飛び出して行くがじゃ」という主人公の強い思いが印象的だった。

高知県の方言で「いごっそう」というのは、頑固で負けず嫌いの性質を表わす。一度決めたら、意地でも自分の信念を貫き通していくという強情さ、豪快ではあるが後先を考えないような一本気なのである。だから、高知人の経営者は、部下などが進言しても、「ワシがええと言うとるんじゃきに、そのとおりにやったらええがじゃ」というようなワンマンタイプの人が多いのも特徴である。

●「ベンチがアホ」発言の江本孟紀《たけのり》も典型的な高知人気質

「ベンチがアホやから、野球ができん」発言で問題になり、その責任をとる形でスパッと現役を引退してしまったことで話題になった江本孟紀（高知商→法政大→熊谷組→東映→南海→阪神）も、高知県人の典型的なタイプである。その後も野球評論家として活動する傍《かたわ》ら、タレント活動でも有名になった。さらには、九三年にはスポーツ平和党から出馬して参議院議員にもなっている。もっとも、「ベンチがアホ……」発言の真偽は定かではない。ただ、それに近い内容を発言したことだけは確かであろう。

江本の出身校である高知商は、高知県の高校野球を牽引《けんいん》し続けてきた。もっとも、四国の中ではほかの三県に比べて高知県はやや後れをとっていた。とくに、戦前は甲子園出場がなく、松山商、高松商などが全国で活躍するのをまるでよそのできごとのように見つめていたに違いない。戦後すぐになって城東中（現高知追手前《おうてまえ》）が出場し、四八（昭和二三）年に高知商が初めて甲子園に出場する。このあたりから高知商と高知が力をつけはじめた。

その高知商の野球は歴史的には「黒潮打線」と言われたように、豪快さが売り物だ。強打だけではなく、投手も八〇（昭和五五）年春の優勝投手の中西清起《きよおき》（リッカー↓阪神）に代表されるように、力でグイグイいく本格派が多い。中西は八五（昭和六〇）年の阪神の優勝にも貢献するが、「ワシの球が打てるか」という感じで投げ込んできていた。やや線が細いが、藤川球児（高知商↓阪神↓カブス）が、それを継承していっている。

●高知と土佐がそれぞれの味を出して全国に名を示す

戦後になって一気に強くなってきた高知県高校野球だが、高知商に負けじと土佐と高知も全国で活躍した。

土佐は五三（昭和二八）年夏、六六（昭和四一）年春に甲子園で準優勝を果たしている。いずれも一点差で松山商、中京商（現中京大中京）といった高校野球界の超名門に敗れるが、そのプレーぶりは高く評価された。ことに、攻守交替の際の全力疾走は高校野球のお手本とまで言われ、今でも語り草となっている。だから、現在でも土佐の野球イコール全力疾走というイメージはついてまわっている。土佐は高知県の英才教育校として創立しており、文武両道の代表的な存在としても知られているが、野球部も東京六大学に多くの選手を送り込んでいる。東大の選手にも土佐出身がいるときがある。まさに、エリート校の英才教育の成果だろう。一三年春に復活出場を果たし、古くからの甲子園ファンを喜ばせた。

高知県の全国優勝という点では、高知商よりも早かったのが高知高校だ。六四（昭和三九）年に主砲の有藤通世《ありとうみちよ》（近畿大→ロッテ）を死球で欠きながらも優勝して話題となった。六七（昭和四二）年春の準優勝を挟んで、七五（昭和五〇）年春にも原辰徳（東海大→読売）らのいた東海大相模に打ち勝って優勝を果たしている。東海大相模の都会っ子たちの洗練されたスマートさに対して、高知野球の逞《たくま》しさを見せつけるようだったのが印象深い。「ワシらも負けとれんきに」という意地が前面に出ていた。

また、七七（昭和五二）年の春に中村が山沖之彦《やまおきゆきひこ》投手（専修大→阪急・オリックス→阪神）を擁して初出場で準優勝を果たしている。八五年の春には伊野商が初出場初優勝をしているが、このときも渡辺智男《とみお》（NTT四国→西武→ダイエー→西武）というエースがいて、これまた彼が一人で支えきったという印象だった。

これらの例のように、高知県の場合は一人の看板スターのような選手がいて、一気に盛りあがって実力以上の成果をあげることも少なくない。このあたりは高知県人の乗りのいい陽気さにも根づいているともいえる。

●明徳義塾が新たな高知野球をつくっていくか

参加校は三〇校前後の高知県の高校野球だが、前述のように、それぞれの特徴があるチームが多くレベルも高い。その高知県で今や突出した強さを示しているのが明徳義塾だ。高知市からJR土讃《どさん》線で一時間三〇分ほど行ったところの須崎《すさき》市にあり、全寮制の学校として特徴的である。中学野球部も全国レベルであり、そのまま高校野球部に入っていくというケースも多い。もっとも、実際のところは中学の段階で四国の他県あたりから転校してきている選手も何人かいる。

八二（昭和五七）年に初出場を果たしているが、明徳義塾が全国的に注目を浴びたのは、星稜との試合で松井秀喜を五度敬遠四球で歩かせたということで、甲子園のヒール役になったときである。さらに、この甲子園でのヒールイメージは、九八年には松坂大輔のいた横浜との準決勝で六対〇のリードを八、九回で逆転されるという悲劇によって、帳消しになった。

学校そのものが全寮制なので、高知県だけではなく関西を中心に全国から選手を集めているのも特徴だ。地場意識の強い高知県ではもともとヒール役を引き受けていたのだが、それでも県内では勝ちあがっていく逞しさがあった。全国ではなかなか頂点に届かなかったが、〇二年夏についに悲願の初優勝を果たした。主将の森岡良介（中日→ヤクルト）が最後の守備につきながら涙を流しているシーンに、これまでのイメージが一掃された。馬淵史郎監督も優勝インタビューでは涙に暮れた。

この明徳義塾が中心となって高知県の高校野球は進行している。今や、打倒明徳がほかの高知県の全学校の目標となっている。中学野球から同じユニフォームで戦っている高知と明徳の対決を六年間続けているという選手たちもいる。

●プロ野球のキャンプ地が移行していったことは寂しい

大学野球では、高知大が辛うじて活動している程度という状況の高知県では、社会人野球のチームも四国銀行が一つあるだけだ。その四国銀行が地元出身者を一手に引き受けるという形になっているが、企業チームとしては受け入れ口が厳しい中で健闘している。

気候温暖で日没も遅い高知県は、野球に適した地でもある。だから、かつてはプロ野球のキャンプ地としても安芸《あき》の阪神、春野《はるの》の西武などが定番になっていた。しかし、いずれも現在は沖縄キャンプに移行してしまい、わずかにファームがかつての縁で利用するという程度になってしまったのは、高知県の野球ファンにとっては残念なことだろう。

ただ、その代わりにと言っては何だが、大学や社会人の強豪チームに声をかけて、積極的に春先のキャンプ誘致を働きかけている。人口五万人に満たないような地方都市に建設された立派なスタジアムを放っておく手はないという考え方でもある。

第八章

九州編

福岡

目立ちたがり屋で出たがりという県民意識がすべてを支える

●タモリ、松田聖子、小柳ルミ子、武田鉄矢と芸能人が多かぁ

福岡県は数多くの芸能人を輩出している。ちょっと思い浮かべるだけでも、タモリと松田聖子を代表に武田鉄矢、郷ひろみ、小柳ルミ子、黒木瞳、妻夫木聡、西川峰子に梓みちよなどがいる。しかも、そのいずれもがデビューしてから芸風を巧みに変化させ、イメージチェンジがうまくハマって芸能界でしぶとく生きている。中でも松田聖子あたりはその典型と言っていい。大スターということでいえば、高倉健も福岡の出身だ。

その根底には、目立ちたがり屋で出たがりという県民意識が背景にあるだろう。しかも、お祭り好きでカラッとしているから、失敗しても引きずらない。そのあたりは、アイドルとしてデビューしながらも、今やすっかり熟女路線にイメージチェンジした小柳ルミ子にも言える。そして、一番やりたかったことを今実現しているのだ。それは、『こんにちは赤ちゃん』からいきなり『メランコリー』に転換した梓みちよなどにも顕著に表われ

ている。

天才演歌歌手から、いつしか熟女女優となり、気がついたら姐御肌丸出しで人生相談までしている西川峰子などもその口だ。あっけらかんとした性格と、したたかな転身をさりげなくやってのける逞しさこそ、福岡県民の特徴なのである。

芸能人の話だけで紙面が尽きてしまいそうなくらい多いのだが、海援隊に始まっていつしか役者としても成功した武田鉄矢も、最初は一コメディアンからいつしか日本を代表するエンターテイナーとなっていったタモリもそうだ。一度得たチャンスを生かして、自分をより高みにおいていくということも福岡県人の得意技といってもいいであろう。

●福岡県人の心も後押ししたホークスは福岡移転で大成功

転身のうまさはプロ野球の受け入れにも顕著に表われている。今や自力でもっとも観客動員ができる球団として福岡ソフトバンクホークスがある。二〇〇四年までは福岡ダイエーホークスだったのが、親会社の経営不振で球団を手放さざるを得なくなってしまったのだが、それも自然に受け入れた。誰もがよりいいスタイルを求めていたから、「福岡ダイエーでなくては困る」というようなことは言わなかった。しかも引き継いだのが、今をときめくIT産業の旗頭でもあるソフトバンクなのだから、文句がなかったであろう。

ユニフォームも、巨人カラーと言われる橙《だいだい》と黒を基調としたデザインから、ソフトな色合いに変わった。当初は「黄色が弱々しい印象を与える」などという意見もあったが、開幕して数日もすると「新しいユニフォームは、スッキリして、よかとやねぇ」ということで落ち着いている。とにかく「今」を大事にして、愛していく気持ちは素晴らしい。

そういえば、そのホークスのオーナーでもある孫正義社長も福岡出身だ。ついでながら付け加えておくと、IT業界ではソフトバンクのライバル的存在であり、新球団設立の際も最初に挙手をしたライブドアのホリエモンこと堀江貴文社長（当時）も、典型的な福岡県人と言える。目立ちたがり屋で変わり身の早さ、これはマスコミを賑わせた「ニッポン放送買収騒動」で顕著に表われた。最終的に収まるべきところに収まってみると、最初からそうであったのが当然というように、すべて「想定の範囲内」で行動しているのだ。

●強いホークスで盛り上がるお祭り好きの気質

王貞治監督の手堅いけれども大胆な野球が、お祭り好きな福岡県に上手に噛み合ったことは大きかった。ドカンと一発が行けば、大いに盛り上がる。それが福岡ドームでのホークスの試合の盛況につながっていった。当初は、王監督の律儀さと生真面目さが裏目に出ているような部分もなきにしもあらずだった。しかし、元々お祭り好きの県民だ。結果を出していけば、すべて物事ＯＫになっていくのである。今や、球界のリーダーになりつつある強いホークスこそ、福岡県民の最大の誇りでもあるのだ。

それは、九州出身の秋山幸二が後継者となり、王会長となったソフトバンクホークスでも同じだ。球場名も、「福岡ヤフオク！ドーム」となったが、それをすんなりと受け入れているところに寛容さもある。

福岡は玄界灘《げんかいなだ》を挟んでアジア大陸に近いこともあって、いうならば大陸的おおらかさも特色だろう。小久保にしても、井口資仁《いぐちただひと》にしても生え抜きの自前のスター選手が、「どこへ行きたい」と言えば、比較的あっさりとＯＫを出して、後くされのない形で送り出していっている。その背景には、また誰かを育てればいいじゃないかという意識もどこかにあるのだろう。これも、あっけらかんとした福岡県人気質のあらわれだ。もっとも、小久保の場合の巨人移籍は諸事情によるもので、きっちり帰ってきて、福岡でユニフォームを脱いで、王会長の後押しもあって侍ジャパンを率いて行くこととなった。

ところで、福岡人的と言えば、近鉄とオリックスの監督を歴任し、イチローのネーミングも考え出したアイデアマンの仰木《おおぎ》彬《あきら》（東筑→西鉄）も忘れてはなるまい。この人のスタイルもまた、いかにも福岡県人らしいものだった。

●ライオンズからホークスへ、熱狂的応援は変わらない

そもそもは福岡のプロ野球と言えば、西鉄ライオンズだった。球史をたどると、プロ野球が二リーグとなった一九五〇（昭和二五）年に、西日本パイレーツと西鉄クリッパーズが誕生して、それが翌年合併する形で西鉄ライオンズが誕生した。七三（昭和四八）年に太平洋クラブ、七七（昭和五二）年にクラウンライター、やがて七九（昭和五四）年には西武鉄道に買収され、気がついたら本拠地も福岡を離れて所沢に移ってしまうのである。

ライオンズの流出を嘆いた福岡のファンも、すっかりその悲嘆は忘れていた。このあたりは、ガーッと盛りあがったと思ったら、案外冷めやすいお祭り人間の特徴が出ている。

ところが、八九年にダイエーが南海ホークスを買収して、本拠地を福岡に定めて、福岡ダイエーホークスとなると諸手を挙げて迎え入れた。西鉄ライオンズ時代の歴史を思い出す人もいたが、多くのファンは、また新しいお祭りがはじまったというような独特の乗りで、盛りあがった。応援の熱狂度も、西鉄時代のオッサンを中心とした『花と竜』の匂い

を感じさせる俠気《おとこぎ》的な応援から、時代に即したファミリースタイルの応援になっていった。こうした対応力も福岡ならではというものだろう。

●お祭り好きの博多っ子純情は、新庄のプレースタイルにも

そんな福岡県を代表するような野球選手と言えば、やはり新庄剛志である。阪神の看板スターという地位から、エキセントリックに突然のメジャー進出宣言をしてメッツに入団。さすがに、メジャーではさほどの活躍は果たせなかったものの、白分で満足をすると今度はあっさりと帰国宣言をしたかと思うと、札幌の地で日本のプロ野球界に復帰した。

その復帰の仕方も、十分に自己顕示をしていながら俠気に溢れた選択をする。北海道へ移転を果たしてすぐの日本ハムが、帰国後最初にオファーしたのだが、最初に声をかけてくれたことを意気に感じて、条件云々は後まわしで日本ハム入りを決めたのだ。自分の存在そのものをお祭り的に捉えながらも、きっちりと義理を果たしていく男らしさ。それでいて入団の会見でも、「これからの野球はメジャーでも巨人でもありません。これからはパ・リーグです」と、切り替えも早く、自分が所属するところをさっと盛りあげていく。義理と人情、恩義も果たしていくのだ。

新庄と言えば高校時代にこんなエピソードもある。新庄のいた西日本短大附は八九年夏の福岡大会で決勝まで進出している。地元では西短と呼ばれているが、野球部の歴史は比較的浅い学校で、どちらかというとやんちゃ坊主が多いところだ。それでも、三年前には甲子園初出場を果たしている。

八九年夏の決勝の相手は伝統校の福岡大大濠《おおほり》だった。その大濠に初回いきなり四点を奪われ、主導権を完全に握られてしまう。結局甲子園には届かなかったが、西短の一番センターの新庄だけはサイクルヒットの大活躍。しかも外野席からやんちゃな友達が「こっちへ打て」というような合図を送ると「オッケー、わかった」とばかり、まるで野球漫画のように、そこへ放り込んでいるのだ。試合の勝ち負けよりも、そんなことを印象づけた新庄を阪神はその年のドラフト五位で指名したのである。

●高校野球の勢力図も移り変わりが激しいのが特色

新庄の母校西日本短大附は甲子園で全国制覇を成し遂げている。九二年夏のことだ。何となく、ワイワイと盛りあがっているうちに優勝をさらっていったという、お祭り優勝ゲットだった。福岡県勢としては三池《みいけ》工以来の優勝になった。決勝進出ということであれば、その四年前の福岡第一がある。エースの前田幸長《ゆきなが》はロッテに指名されてプロ入りし、その後中日、巨人と移籍して、それぞれのチームでそれなりの活躍をしている。前田のチームメイトで主砲だった、九州のバースとも言われた山之内健一は、ダイエーに入団し、その後プロレスに身を転じたこともあった。これまた、何たる変わり身の激しさだ。

変わり身が早いのは、高校野球の勢力図にも表われている。戦後すぐは、甲子園の土の持ち帰りの元祖とも言われる福島一雄投手の小倉《こくら》が全国で二連覇するなど一時代を築いた。その後は戸畑、小倉工、飯塚商などがそれぞれの時代をつくり、やがて柳川商（現柳川）が、他校を半歩リードしていくが、その後は八幡大が校名変更したことで新校名となった九州国際大付が一一年春に準優勝を果たすなど、今は県内では筆頭格となっている。それを自由ヶ丘、東福岡などが追うなど、勢力図も移り変わりが激しい。

一方で大学野球は福岡六大学では九州共立大と九州産業大が、九州六大学では福岡大と九州国際大が競い合っている。

社会人野球ではかつては門司《もじ》鉄道管理局といったJR九州が九州社会人の雄として引っ張っている。

佐賀

高校野球で二度の全国制覇は地味ながら輝く葉隠精神のあらわれ

●「忘れ去られた県」とも歌われてしまっているが……

少し前、『佐賀県』という歌がヒットした。国内でもあまり認知度の高くない佐賀県の応援歌だが、キャッチフレーズは「さがをさがそう！」というネガティブさを指摘したりしている。これは忘れ去られやすい県だと言っているのも同然だ。それでも、その歌をつくった歌手のはなわに感謝しているのが佐賀県である。

佐賀と言えば「葉隠」と返ってくるくらい、武士道精神の発祥の地として認知されている。その根底にあるものは、自分の信念をきっちり守っていくという精神である。よく言えば、几帳面なくらいにきっちり、しっかりしているということになる。逆に言うと融通が利かないということになる。どちらかというと、イメージとしては後者のほうが強いのではないだろうか。

男女平等という考え方が普及しにくいのも佐賀県の特徴だ。これも頑なに考え方を変えようとしない佐賀人の特徴かもしれない。佐賀出身の知人で、ことあるごとに「女なんかに……」と言う人がいたが、その言動は、やはり頑なだった。

吉野ヶ里《よしのがり》遺跡が発見され、嬉野《うれしの》温泉もあるし、伊万里《いまり》焼などの地場産業が発達している。歴史の匂いを感じさせるのも特徴かもしれない。しかし、それがメイン産業として経済を引っ張っていくかというとそうでもない。

●佐賀勢は甲子園で二度、全国制覇を果たしている

佐賀県の高校野球は、戦前は佐賀中学（現佐賀西）が、戦後は佐賀商がリードしてきた。とくに、佐賀商はその力を今も継続し続けており、県内各校の目標となっているのは立派だ。佐賀は忘れられやすい県というイメージと同様、九州の中でも地味な存在だったが、九四年夏に佐賀商が全国制覇を果たしている。決して前評判は高くなかったが、気がついたら一つまた一つと勝ちあがっていた。当時の新聞にも「どこか不思議なチームで、ここというときには一つにまとまっている」という評価をされた。

「葉隠武士」の精神は「自分たちの仕事をきちっとやろう」ということで、個人主義の集大成が、いい形でまとまったのかもしれない。だから、決してスター選手がいるチームで

もなかった。いかにも、佐賀県らしいチームの代表が全国を制したのだ。

その佐賀商は一九八二（昭和五七）年夏に新谷博《しんたにひろし》投手（駒大→日本生命→西武→日本ハム）が一回戦の木造《きづくり》（青森）戦で、九回二死まで完全試合を継続しながらあと一人で逃すということもあった。武士の情けが出てしまったのだろうか。

佐賀商の栄光から一三年後、今度も誰もが予想だにしなかった佐賀北が全国を制する。しかも、延長一五回引き分け再試合を戦ったりしての進出で、決勝の広陵戦では八回に逆転満塁本塁打が飛び出すという劇的なものだった。折しも、全国の有力私学が特待生問題で大きく揺れた年でもあった。そんな中で、公立校の佐賀北が優勝をさらっていったことに意義があったのだが、まさに葉隠精神を示したかのようでもあった。

●交通網を利用した大交流試合「クロス・イン鳥栖」の役割も大きい

佐賀県の特徴としてはＪＲの鉄道網を見てもわかるが、地理的な要素としては鳥栖《とす》が九州の交通の起点としての役割を果たしている。長崎本線と鹿児島本線との分岐点でもあり、九州を南北に分ける交通の拠点となっている。この交通の便を活かして、毎年ゴールデンウイークには、九州一円に中国・四国地方の学校も集めて、大規模な交流試合が開催されている。鳥栖高の平野國隆監督などが中心となって始められたものだが、「クロス・イン鳥栖」と称されて定着していった。この催しは、九州地区の監督の交流の場にもなっている。

これらの交流試合でレベルがアップしていき、鳥栖をはじめ神埼《かんざき》、鳥栖商などが甲子園へ届いている。毎年、一〇〇校を超える学校が鳥栖市周辺に集合する。その日程調整だけでも大変だろうが、きっちりと仕事をこなす佐賀人ならではの調整だろう。

また、佐賀県の高校の特徴として、旧制中学からの普通科高校の佐賀西を栄城《えいじょう》、小城《おぎ》を黄城《おうじょう》、唐津《からつ》東を鶴城《かくじょう》などと呼ぶ。佐賀西は、ユニフォームの表記は「ＥＩＪＹＯ」となっている。地元民しかわからないのだが、これも佐賀人のこだわりだ。

●武士道精神は、きっちりと自分の仕事をすることにつながる

鳥栖と言えば、横浜ベイスターズを日本一に導いた権藤博監督の出身校でもある。監督時代には、選手たちに「監督と呼ぶな、クビになったらただのオッサンなんだから、権藤さんと名前で呼べ」と言って罰金制度まで設けて、意固地に「監督」と呼ばれることを拒否していた。こういうことにこだわるのも佐賀県人である。

佐賀県人らしい選手と言えば、辻発彦《つじはつひこ》（佐賀東→日本通運→西武→ヤクルト）などはその典型だろう。守備の名人として二塁手のスーパープレーヤーではあるが、決して派手ではない。ところが、ベストナイン五回、ゴールデングラブ賞は八回も獲得している。その守備の名人芸ぶりは、伊万里焼の職人のようとも、武士道に根ざした佐賀人とも言えよう。

そういえば、デビュー以来その歌唱スタイルを変えていない『さざんかの宿』などのヒット曲で有名な大川栄策も佐賀商のOBである。

長崎

ハイカラ好みの国際感覚と地場に根づいた伝統が巧みに融合

●鎖国時代にも唯一海外と接点があったことが強く影響しとるばってん

日本の歴史においても、長崎県の歴史においても非常に大きな要素としては、日本が鎖国政策をとっていた江戸時代に、唯一海外との接触が許されていた地ということである。このことが、いずれにしても長崎の県民性に影響を与えていることは確かであろう。

日本列島の西端ということで外国船が行き来し易かったということも影響しているのだろう。国内情報しかない世の中に新しいものを積極的に取り入れる拠点となったことは、その後の文化的な要素としても影響は大きかった。こうした開放的な要素と、エキゾチックなハイカラ好みというか、新しもの好きというところが長崎県民の特徴だ。当然、好奇心は強いし、現代的な表現をすれば国際感覚が身につきやすい。事実、長崎国際大学というのは今流行の「国際大学」と称する大学の中でも先駆的な役割を果たしていて学校としての人気も高い。

それだけ外との交流が盛んなのに、比較的犯罪が少ないというのも長崎県の特徴だ。県民がおっとりとしていて社交的なので、いさかいが少ないのだろうか。

●高校野球では海星が歴史をつくり、長崎日大が続き清峰が開花させた

長崎県の高校野球の勢力地図を見てみると、戦前から一九五〇年代頃までは長崎商が中心となっていたが、一九五九（昭和三四）年夏に海星が初出場を果たして以降は圧倒的に海星の時代となる。もっとも甲子園出場はかなってても、全国ではなかなか勝てなかった。初勝利をゲットするのは、春夏合わせて八回目の出場となった六八（昭和四三）年夏まで待つことになる。

酒井圭一が地区大会で連続一五奪三振を記録し、海星史上最強チームという前評判だった。三回戦で春の優勝校・崇徳を投手戦の末下した。しかし、結局ベスト4で敗退する。ここまででいいかという、おっとりタイプの長崎県人らしさがうかがえる。社交的なので、相手に手の内を見せやすいのかもしれない。

その後の長崎の高校野球勢力図は、長崎日大が勢力をつけてきて波佐見《はさみ》も躍進。そんな中で、清峰が一躍全国区となり、二〇〇六年春に準優勝、〇九年春にはついに県勢の悲願

でもある全国制覇を果たした。過疎対策として、野球部を強化していこうということもあったのだが、ハイカラさというよりも、地場に根ざした地道な作業の中からの成果でもあった。こうしたところに、長崎県のもう一つの側面を示したともいえようか。

●一見とっつきにくそうだが、実は社交的な指導者たち

長崎県で全国的にトップに立ち続けていったことで注目されたのが高校サッカーの国見《くにみ》である。チームを率いた小嶺忠敏《こみねただとし》監督は島原商時代から、積極的にバスで遠征試合を重ねてチームを育ててきたが、図々しくも社交的にほかの地へ乗り込むことでチームを強化していった。その後、同校の校長になってしまったので監督としての立場は後進に譲ったものの、総監督としてチーム全体を把握して全国を制した。その小嶺人脈は国見サッカーの財産とも言われている。

その小嶺監督も、外見はとっつきにくそうな印象を受けるが、取材した記者たちは一様にその人柄に心酔している。このあたりが社交性と人脈づくりのうまさと言えよう。長崎県出身の指導者にはそんな印象を与える人が目立つ。今や全国区の強豪となった智弁和歌山を率いる高嶋仁監督も海星の出身である。一見するとコワモテで、ついつい腰が引けて

しまいそうな雰囲気もあるが、実は非常に気のいいオッサンで野球の話をしたら止まらない。その熱さに引かれ、多くの指導者が和歌山を訪ねて、新たな人脈が形成されていっている。

一見とっつきにくそうで、実は社交的というのは、長崎南山で野球をやっていた歌手の前川清もそんな雰囲気が漂う。下柳剛《しもやなぎつよし》（瓊浦《けいほう》→八幡大中退→新日鐵君津→ダイエー→日本ハム→阪神）にも言えそうだ。ひげ面で無愛想な印象だが、一緒に飲むと実にいい男らしい。ただプロ野球の実績で言えば、池辺巌《いわお》（その後、豪則《たけのり》。海星→大毎・東京・ロッテ→阪神→近鉄）が筆頭になる程度であろう。そんな中で唯一スーパースターたり得るのが佐世保市出身の城島健司（別府大附→ダイエー・ソフトバンク→マリナーズ→阪神）だが、実は高校は大分県の別府大附（現明豊《めいほう》）である。新しいところでは、長崎日大から九州共立大に進み広島入りした大瀬良大地《おおせらだいち》がいるが、元々は鹿児島県の霧島出身だ。

大分

自己主張の強い個人主義と温泉街のある観光地としてのバランス

●九州一の個人主義と言われる大分の実態

多くの小さな藩が集まって形成された形の大分県。そんなこともあって九州の中では、一番自己主張が強く個人主義に走りがちだと言われている。

それぞれの藩が自分の場をきちんと守っていかざるを得ない環境にあったというのが現実だろう。名曲『荒城の月』のモデルとなった豊後竹田《ぶんごたけた》城のようにこぢんまりとしながら、きっちりと自己主張を持った佇まいが多いことにもそれが表われている。一方で、由布院《ゆふいん》や別府といった温泉街が多く存在するのも特徴だ。もちろん、温泉が湧《わ》きやすいという地理的な要因は大きいだろうが、それぞれが温泉都市として独立した発展を遂げたことも大分県の観光要素として大いに役割を果たしている。

この、個を大事にしていく要素というのが、野球にも表われているように感じられる。

●大分商が基礎を築き、津久見が花を咲かせた大分野球

自己の世界を大事にする大分県だが、野球地図で言えば古くから大分商がリーダー格として県勢を引っ張ってきた。その大分商の野球は徹底的に地味で基本に忠実というか、セオリーを重視するものだった。

とくに、徹底したバントは伝説にもなっているくらいで、名将・松田瑞雄《みずお》監督の方針は、送りバントは膝《ひざ》をついてもいいから腰を落としてきちんと投手と捕手の間に転がせというものである。大分商は地元では「ダイショー」と呼ばれるが、一時期、「ダイショー」イコール松田監督と言われる時代があったくらいだ。

ダイショーにとって、県内で歴史的ライバルとも言えるのが津久見《つくみ》だった。ここにも、津久見イコールと言われる存在として小島仁八郎《にはちろう》監督がいた。基本に忠実な地味な野球を徹底する大分商に対して、津久見の場合は、中心選手がスター選手になってチームを引っ張っていくという華やかさがあった。より個人能力を上手に引き出したという点では、津久見のほうが大分県的なチームと言えよう。

甲子園での実績でも津久見が上回っている。一九六七（昭和四二）年春には、「ドロップ（今で言うタテのカーブが鋭く曲がったボール）の吉良《きら》」と呼ばれた、吉良修一《しゅういち》投手

（阪神）で初優勝。さらに七二（昭和四七）年にも水江正臣《みずえまさおみ》投手（ヤクルト）で、本命なき戦いの大会を制している。

津久見出身のもっとも著名な選手は川崎憲次郎（ヤクルト→中日）ということになろうが、高橋直樹（早大→日本鋼管→東映・日拓・日本ハム→広島→西武→読売）や大田卓司（西鉄→太平洋・クラウン・西武）といった個性派もいる。

●柳ヶ浦が新リーダーとして君臨していく気配

両雄によってリードされてきた大分県の高校野球だったが、近年は多少構図が変わってきた。一つには、ベテラン指導者が退いて、チームがかつての神通力を失ったということもある。その間隙を縫う形で台頭してきたのが日田《ひた》林工だった。七三（昭和四八）年に甲子園初出場を果たし、そこで名門広島商に2ランスクイズを決められてショックを受ける。「広商にやられた2ランスクイズをいつか必ず甲子園でやり返したい」という執念に燃えた原田博文監督は、三年後に再び甲子園にあらわれ、本当に2ランスクイズを決めてベスト4まで進出した。

思い込んだことは、絶対にやり遂げる執念深さ、こだわりの強さはやはり大分県の野球だった。こういった気丈さというか気の強さは、田中健との離婚騒動で見せた女優・古手川祐子の態度にも垣間見られる。古手川祐子は、鶴崎工出身である。

大分商、津久見に日田林工と三すくみの状況もあった大分県の高校野球だったが、その構図は大きく変わってきた。近年は柳ヶ浦が毎年好投手を育て、明豊は荒々しい逞しさで躍進著しい。ソフトバンクの今宮健太などは、明豊を象徴するかのような存在でもある。

さらに、大分県の野球人としては、内川聖一がいる。今や、球界屈指の好打者に成長したが、個人の打撃技術をアピールしつつも、チームリーダーとしての存在感も示す、まさに個人と集団のバランスの取れた大分県人らしさを示している。

熊本

純粋で正義感の強い「肥後もっこす」の魂は今も健在

●ぶっきらぼうさとナイーブな面との両面を持つ熊本県人

熊本県人は、権力や不条理なことに対しては反骨精神が旺盛だが、その一方で義理堅く、情に脆《もろ》いという特色がある。とくに、男性の場合は一見するとぶっきらぼうだが、付き合ってみるとナイーブで繊細な面がある。野球選手で言えば、広島の前田智徳《まえだとものり》（熊本工→広島）、松中信彦（八代《やつしろ》第一＝現秀岳館《しゅうがくかん》→新日鉄君津→ダイエー・ソフトバンク）、荒木雅博（熊本工→中日）らがその代表だろう。

前田の場合は、記者泣かせと言われるくらい取材が難しい選手だった。それは、余分なコメントをしないで、プレーを見てくれというスタイルで、言葉で話すというよりは、プレーで話すというタイプなのだ。だから、取材記者も一つ一つのプレーの背景をしっかりと把握しておかないと、トンチンカンな質問をしてへそを曲げられてしまう。ところが、きちっと見ている記者には懇切丁寧に自分のプレー心理を語ってくれるという。

松中も同じようなタイプである。あれだけコンスタントに打っていながら突如として打てなくなることがあるのは、一つのポイントのズレやプレーの不本意さをナイーブに考えてしまい、そのままスランプに陥《おちい》るというところもあるようだ。しかし、二〇〇四年の三冠王獲得で完全に吹っ切れ、スーパースターとしての地位を確保した。

●「打撃の神様」川上哲治のぶっきらぼうさこそ、肥後もっこす精神

熊本の野球と言えば、この人抜きでは語れないというのが、「打撃の神様」と言われた川上哲治である。絶好調時の「ボールが止まって見える」はあまりにも有名なコメントだが、打撃スタイルとしては、ホームラン打者というよりは、かつての張本勲やイチローのような選手だった。調子がいいときはボールのミートポイントがよく見えるため、ボールが止まっている感じがしたのだろう。

川上哲治は、監督として読売ジャイアンツの全盛期を率い、名将としての誉《ほま》れも高い。とくに、一九六五（昭和四〇）年からの九連覇は不滅の記録とも言われている。ある時期、取材記者を締め出しての秘密練習を行ない、「哲のカーテン」などとも称されたこともあった。このあたりにも自分の信念を曲げて報じられてはならないというマスコミに対

しての反骨精神だったのかもしれない。

ぶっきらぼうさは相変わらずで、監督引退後はＮＨＫのプロ野球中継で解説をしていた、決して話し上手ではなかった。しかし、技術的には的を射た指摘をしていた。ただ、相手のアナウンサーとの呼吸が大事なようで、ぴったりと合ったときのみ名解説となっていた。あるときなど一塁走者が盗塁を試みてアウトになったとき、「あのスタートではダメですね、一間前《いっけん》でアウトでしたよ」と表現したのには驚いたが、「一間前とはどれくらいでしょう」などと突っ込んではいけない。そんな表現こそ、打撃の神様の言葉なのだから……。

●神様の出身校、熊本工は昔も今も人気の的

川上哲治の出身校は熊本工である。幼少時から天才野球少年と言われていたが、一九三四（昭和九）年に中学二年生（旧制）で、外野手として甲子園初出場を果たしている。翌年からは吉原正喜《よしはらまさき》とバッテリーを組んで三年連続甲子園に出場、三七（昭和一二）年夏には決勝進出を果たすものの、ついに全国制覇はできなかった。

以来、熊本工は毎年のように強豪チームとして甲子園に姿をあらわすものの、全国制覇

はない。もっとも全国制覇に近づいたのは九六年夏で、決勝戦の相手は松山商。甲子園のオールドファンにとっては随喜の涙を流すくらいの渋いカードだった。一点を追う熊本工は九回裏に二死から一年生澤村幸明《こうめい》の本塁打で同点に追いつく。そして、延長一〇回一死三塁で誰しもがサヨナラの犠牲飛球と思ったが、松山商右翼手の奇跡の送球でタッチアウト。気落ちした熊本工は一一回に三点を失い、手元まで手繰《たぐ》り寄せた深紅の大優勝旗が逃げていった。この試合は、今でも熊本工関係者の間では伝説として語り継がれている。

その熊本工のネット裏は、練習試合ともなると、ファンやOBでいっぱいになる。中には、川上、吉原のプレーを憧れながら見ていたという人もいるくらいだから、その歴史の重さたるやすさまじい。

伝統の重さを背負いながらも、熊本工は時代を超えて健在であり続けている。基本に忠実なプレースタイルは、やはり肥後もっこすのそれである。グレー地に草書体の「熊工」の文字が大きく書かれたユニフォームは、今も熊本の野球少年の大きな憧れなのである。

●「武夫原頭に草萌えて……」の五高魂を残す気風

熊本の学校と言えば、もう一つ忘れてはならないのが旧制第五高等学校の存在である。

とくに、「武夫原頭《ぶふげんとう》に草萌えて　花の香甘く夢に入り……」の寮歌は、今も歌い継がれており、日本五大寮歌として支持されている。バンカラ気質を潔《いさぎよ》しとした当時の旧制高等学校の中でも、五高はもっともバンカラ気質が強く、まさに質実剛健を地でいっていた。

そんな名残を今も継承しているのが済々黌《せいせいこう》である。白線帽ならぬ黄線帽をきっちりかぶった応援団のバンカラスタイルもスタンド名物となっている。県内有数の名門校として、ライバルの熊本工がモダンスタイルを踏襲しているのに対して、アナクロなスタイルに人気が集まっている。済々黌が強いと、県内の高校野球が盛りあがるとも言われており、熊本工に並ぶ人気校である。一九五八（昭和三三）年春には、全国制覇も果たしているが、二〇一二年夏と一三年春に甲子園に復活して大いにスタンドを沸かせた。

済々黌のOBには古葉竹識もいる。弱小球団の広島を七〇年代後半から八〇年代にかけて常勝軍団につくりあげたが、外見の穏やかさとは別に、選手の緩慢プレーに対しては鉄拳制裁も辞さないくらいの厳しさもあった。これもまた、熊本県人の特色であろう。プロ野球を辞してから後に請われて、東京国際大の監督を務めている。

熊本県人は女性の場合も、活発で活動的なところに加えて芯がしっかりとしているということが強く表われている。『三百六十五歩のマーチ』や『いっぽんどっこの唄』など、人生の応援歌でわれわれ庶民を励まし続けてくれる水前寺清子などは、その最たる存在だ。バスガイドを辞して歌手になるために上京し、苦労の末大歌手となった八代亜紀もいる。山口百恵や桜田淳子、森昌子ら同期の花形歌手が結婚して引退していった中で、『津軽海峡冬景色』のヒットでスター歌手に上り詰めた石川さゆりもそうだ。彼女は結婚、離婚という経緯を経ながらも、一貫して芸能界に残り、紅白歌合戦のトリを務める存在となったのである。このあたりは日の当たらなかった広島を意地で強力チームに育てあげた古葉竹識ともイメージがダブる。

宮崎｜南国情緒豊かな街並みは二月にキャンプで華やぎ野球界の正月を歓迎

●温和で涙もろい情熱家の楽天主義者が多い

今ほど海外旅行が一般的ではなかった一九六〇年代、七〇年代に新婚旅行のスポットとして一番の人気を得ていたのが宮崎県だった。気候温暖で晩秋や冬、春先でも過ごしやすいことが大きな理由だった。それに、南国情緒豊かな街並みは、日本であることを忘れさせてくれるかのような趣《おもむき》もあり、ふと訪れるには非常に印象もいい。

その気候は、のんびりで平和主義という県民性にも影響を及ぼしている。九州の中でも、とくに温暖なのは黒潮による暖流に包まれた海流の影響にもよるが、海風が心地よく人々にそよぐので、住民たちも自然と和やかで闘争を好まない温厚な心に育っていくようである。

そのため、苦境に立たされても「いつか、何とかなるだろう」という楽天主義（オポチュニスト）が多い。もしかしたら、そんなのんびり加減が、地元をあげての一大リゾートとして開発したはずの「シーガイア」をあっさりと倒産させてしまったのかもしれない。

それでも、「まあ、よかじゃなかとね。いろいろ、よだきい（面倒くさい）じゃろ」といった感じで過ごしてしまうのが宮崎県人の特徴だ。

お笑いタレントから鳴り物入りで宮崎県知事となり、「宮崎をどげんかせんといかん」と大見得を切ったそのまんま東こと東国原《ひがしこくばる》英夫《ひでお》も、任期を全うせずしてその地位を辞して国政に転じた。このあたりも、熱しやすい半面、「ここまででよかとじゃなか？」という、宮崎県人らしさといえるのかもしれない。

●キャンプ見学で野球の目は肥えているのだが……

宮崎の野球というと、プロ野球の正月とも言われている二月のキャンプインで賑わうのが恒例だ。読売ジャイアンツがずっとキャンプのメインとしていることで、多くの報道陣が出入りし、華やいでいく。ソフトバンクも九州の地でキャンプを張ることを掲げている生目《いきめ》の杜運動公園球場に陣を構える。この二球団がいることで、二月のこの時期は飲食店街も含めて、産業的にも一大イベントになる。また、地元ファンもこのキャンプ見学で野球を見る目が肥えるのは間違いない。

しかし、マスコミの注目度が高い球団ということの功罪があるようだ。選手は、ついついマスコミ受けすることを優先しがちになるので、地味な基本練習やトレーニングより、フリーバッティングでポーンポーンと柵越えを放つほうを優先するわけである。スタンドで見ている人たちも、「さすがにプロじゃ」ということで感心してしまう。そうなると、勢い、高校野球の戦術も大雑把になっていかざるを得ない傾向が出てきてしまう。

本当は、川上監督時代のような緻密な野球を学ぶべきだったのだが、長嶋監督時代に一発重視の野球になって以来、宮崎県人の野球観もその傾向になっていった。気候温暖で、練習量も豊富ならもっと実績を残していてもいいと思うのだが、比較的評判倒れが多い。それは案外こんなところに要因があるかもしれない。

●高鍋が高校野球の旗頭として引っ張った

記録を調べ直してみると、本土復帰をしていなかった沖縄県を除くと、実は宮崎県が甲子園に代表を送り込むのが一番遅かった県ということに気がつく。戦前は皆無で、戦後になっても佐賀県や長崎県にはるかに後れをとり、実のところ夏の大会が復活して九年経過した、一九五四（昭和二九）年まで待つことになる。このときは高鍋が初出場を果たしている。

高校野球はその後、夏の大会の代表編成を変更することになる。宮崎県は復帰前の沖縄とで南九州大会を組むことになった。この結果、まだ整備されきっていない沖縄勢に勝つことで代表権を得るという恩恵に恵まれ、甲子園出場実績を積んだ。その後も、県内高校野球のリーダー格となっていくのは高鍋である。

しかしながら、全国的には上位進出という実績はなかなか得られなかった。一九六四（昭和三九）年夏に水谷実雄投手（広島→阪急）で、六五（昭和四〇）年夏に牧憲二郎投手（南海→阪急）でベスト4に進出しているのが目立った成績である。水谷はプロ入り後は打者として広島のリーグ優勝に貢献する中心打者となり、七七（昭和五二）年には首位打者にも輝いている。

●人口の割に私学が多いのも特徴で日南学園や延岡学園に都城

県内の野球人としては、広島のエースとして活躍した北別府《きたべっぷ》学《まなぶ》（都城農→広島）、日本ハムの中心打者として活躍、勝負強さは健在の田中幸雄（都城→日本ハム）、ジョニーのニックネームで親しまれて一時代をつくり、ロッテ投手陣の大黒柱となった黒木知宏（延岡学園→王子製紙春日井→ロッテ）らがいる。それぞれがスター選手となっているが、その出身校がいずれも異なるというあたりも宮崎県の特徴と言えよう。

宮崎は全県で一二〇万人弱という人口の割には、私立校が多いのも特徴である。甲子園に届いた学校だけでも都城、延岡学園、日向《ひゅうが》学院、小林西、日南学園、宮崎日大、鵬翔《ほうしょう》、日章《にっしょう》学園など、まさに入れ替わり立ち替わりといった様相である。これに、元女子校の宮崎学園も強化を図っている。

これらの勢力の中では、日南学園が核となっていくだろう。中子園最速投手・寺原隼人（ダイエー・ソフトバンク）で話題になった。寺原もスター候補ながら、どこかにのんびりとした雰囲気が感じられるのは宮崎県人の特徴だろう。日南学園は九州一円だけでなく関西出身の選手も多く、幅広く受け入れていく態勢がある。

また、かつて宮崎大淀《おおよど》の名で実績のあった宮崎工が二〇一〇年春、一二年夏に復活した。そして、一三年夏には延岡学園が県勢としては初の決勝進出を果たしたが、薄いピンク地のユニフォームとともに、新時代到来を思わせた。

鹿児島

豪快で正義感あふれる西郷隆盛のイメージそのもの

●九州男児を総称する場合、薩摩隼人を言うことが多い

薩摩隼人《さつまはやと》という言葉があるが、それはそのまま鹿児島県民気質ということになる。簡単に言えば、酒が強くて（しかも焼酎）、豪快で、勇気があって、性根の据わった豪傑というものである。具体的には、西郷隆盛がそのまま鹿児島県人の代表的な具体的イメージとなるのだ。

また、鹿児島県民もやはり「西郷どん」に対する尊敬の念は強い。県民にとっての理想の男性像（つまり薩摩隼人のあるべき姿）とされている。その精神的背景は「不言実行」である。「ごじゃごじゃ言わんと、男は黙って……」というスタイルなのである。

だから、鹿児島県人は不要の会議や御託を並べることを極端に嫌う。わかりやすいと言えば、非常にわかりやすい。熊本県人が「肥後もっこす」なのに対して鹿児島県人は勇猛果敢な「ぼっけもん」となる。これは、豪快でさっぱりしているというような意味で、鹿

児島県民のプライドとも言える。

かつての旧制高校時代も熊本に五高があったのに対し、鹿児島には「北辰斜《ほくしん》にさすところ」の寮歌でおなじみの七高があり、お互いライバル意識を高め合っていた。とくに、七高の場合は「造士館」と言われ、まさに「士（さむらい）」をつくる学び舎《や》ということだったのである。つまり、明治の時代となって武士はなくなったものの、武士の精神を残した士族を教育していこうというエリート養成の意識があったのだ。

●「野球」の名付け親、中馬庚を誕生させた土地の自負

野球との関わりで言えば、鹿児島県は歴史的にも重要な意味がある。とくに、アメリカから輸入されたスポーツ「ベースボール」を「野球」と和訳したのが、鹿児島二中（現在の甲南）から一高→東京帝国大と進んだ中馬庚《ちゅうまかのえ》で、東京帝国大時代にベースボールを野球と訳して発表したのが一八九四（明治二七）年だった。それが今日まで残って、今や「野球」という言葉は当たり前のように用いられている。

これは、仮の話で恐縮なのだが、「ベースボール」を直訳すると「塁球」となる。もし、今の野球が「塁球」ということで普及していたら、果たしてここまで日本人に定着してい

ただろうか。「野」という概念が、「いつでもどこででも楽しめる」というイメージを育てたことは間違いない。というのも、「塁球」であれば、競技をはじめる前に、まず「塁」を探さなくてはいけないという意識が出てしまう。けれども、当時の日本には「野」であれば、どこにでもあったのだ。だから、野で球に興じるというイメージで野球がより一層普及していったのではないか。

もちろん、これはあくまで私論なので、何の根拠もないのだが「野球」と訳されたことはとてつもなく大きな意味があるように思える。その発祥が、鹿児島人によってなされているのだ。だから、鹿児島県球児は、もっと鹿児島で野球をやっていることに対しての誇りを持ってほしいとも思っている。

●市内三強時代に切り込んだ神村学園で新三強時代を形成

ところで、鹿児島県の高校野球だが、歴史的にはまず鹿児島商があった。それを追って鹿児島実が登場し、この両校で覇を競いながら、鹿児島商工が追っていくという構図になった。鹿児島商工は、その昔は鹿児島鉄道と言っていたが、商工となってから野球部も上位進出を果たすようになる。その後、一九九四年に樟南《しょうなん》と校名を変更した。その年の夏は九州勢がベスト4に三校も残ったが、樟南が準優勝を果たしてその校名を一気に知らしめることになった。鹿児島県勢としては初の決勝進出を果たしたことで、ライバルの鹿児島実をリードした形になった。

チームを率いた枦山《はぜやま》智博監督は、まるで能面を思わせるような無表情で、相手にとってはその心の内を見抜くのが難しいと言われていた。これはまさに「男は黙って……」という感じだったが、それに選手も黙ってついていったのである。それで一つの成果が達成されたことになるのだが、決勝戦では残念ながら葉隠精神に屈してしまった。

これで、県内では樟南が一気にライバルをリードという印象を与えた。ところが、さすがに鹿児島実も黙ってはいなかった。虎視眈々とその機をうかがっていたのだろうが、九六年春に悲願の全国優勝を果たす。樟南の実績を超えるには全国制覇しかないというところだったのだが、それを樟南準優勝の記憶が残るうちに達成するあたり、「ライバルに負けとれんばい」という、強烈なアピールにとれたのだ。

この両雄がしのぎを削っているうちに、女子校から転身した神村《かみむら》学園が九州一円から選手を獲得して、するすると県大会を制し、二〇〇五年のセンバツではあれよあれよと、創部二年目の初出場ながら準優勝を果たした。当時の長澤宏行監督は兵庫県西宮の出身で、薩摩隼人ではない。県内でライバルが競り合いをしている間に、突然、新たな侵略軍が登場したのだ。安定していた島津藩によその勢力があらわれたみたいなものだろう。

ただし、この薩摩戦争は外部から見ている限りは非常に興味深くて面白い。こうして現在は、鹿児島市内の鹿児島実と樟南にいちき串木野《くしきの》市の神村学園が絡むという三つ巴となっている。

ところで、この神村学園は女子高校野球の先駆としても紹介しておかなくてはなるまい。女子野球の創成期と言ってもいい時代から創部し、当時「女松坂」と呼ばれた小林千紘《ちひろ》が登場して注目を浴びた。そして、現在も里綾実《さとあやみ》、宮原臣佳《みやはらみか》、橋本ひかり、厚ケ瀬美姫《あつがせみき》ら多くの女子プロ野球選手を輩出している。ちなみに里は奄美《あまみ》大島出身の生粋の鹿児島出身者である。

●「おいどんの街はおいどんで守る」という保守性が特色

ところで、九州はそれぞれの県でかなり言葉が違っているのも特徴だが、いくつかある九州弁の中でも鹿児島弁は非常に理解が難しい。これには、歴史的な背景もあると察せられる。というのは、江戸時代から当時の島津藩が、自分たちの土地は自分たちでしっかりと守っていこうという意識があったからだ。そして、その意識を徹底するために、同じ仲間だけがわかり合える共通語を開発したことによるともされている。

ことに、薩摩半島と大隈《おおすみ》半島の先は異国の地ということもあって、対外的な影響に対して「守りたい」という意識が強かったことも確かであろう。高齢者の間では、今でもまるで異国語のような会話が日常当たり前のようになされている。

そういった文化は、結局ある種の保守性を生み出してしまうことは否めない。とはいえ、その分だけ郷土意識は高くなり、九州の中でもより地元への愛着が強いと言える。だから、自分たちの地域だけの価値観も強固になっていったのであろう。

郷土を後にして、都で身を立て名を挙げても、故郷への意識が強いのも鹿児島県人である。だから、甲子園のアルプススタンドでも「鹿児島県人会」の集まりは、他県を凌いでいる。

沖縄

プロ野球キャンプのメッカとなって、県内の野球意識は急上昇

●独自の文化意識が強くて、日本の外国というイメージ

沖縄が正式に日本の領土に復帰して、沖縄県となったのは一九七二（昭和四七）年五月一五日のことである。今では信じられないことかもしれないが、それ以前は沖縄への出入りにはパスポートが必要だったのだ。そんな歴史がある以上、沖縄県は日本で一番異国情緒がある土地だということは確かである。エキゾチックというよりは、異国と言ったほうがピッタリとくる。事実、県の中心地である宜野湾《ぎのわん》市や那覇市には、円表記とドル表記の二つを並記している店も少なくない。つまり、それだけドルが通貨として存在していることになる。

日本の中の外国というイメージは非常に強いが、だからといってアメリカナイズされているのかというとそうでもなく、あくまで沖縄の地場としての文化、つまり琉球文化がしっかりと根づいているのだ。それは、陽気で開放的な県民性もあって、何かというと歌を

歌って踊りたがるというように体全体で感情を表わすのだ。また、沖縄人のほとんどが指笛を吹くことができると言われるくらいに、これまた陽気に「フィー、フィー」と指笛を鳴らす。この指笛と、『ハイサイおじさん』の軽快なメロディーが融合した何とも言えない盛りあがりは、高校野球のアルプススタンドで、沖縄勢が得点するたびに何度となく聞くことができるので、自然と耳に残っている人も多いだろう。

それだけでも十分に沖縄の雰囲気に浸れるが、最近はこれに『島唄』も加わり、音楽に合わせて応援団が踊りまくる。アルプススタンドに居ながらにして十分に沖縄気分が味わえるのだ。甲子園はふるさとの祭りでもあると言われるが、沖縄代表のそれは、よりふるさと感を堪能できるスタイルになっている。

●開放的だが、「ウチナンチュー」の誇りと、強い中央志向

開放的な沖縄県人は、やはり自己アピールと自己主張、自己表現が上手なのだろう。沖縄出身の芸能人が多く、各方面で活躍しているのは、そんな県民性のあらわれでもあろう。とくに、飛行機網の発達によって、より東京などへ行き来しやすくなったこともあって、夢を抱いて沖縄から東京や関西へ向かう人も増加してきている。それが、近年急速に

沖縄出身の芸能人が増えたということにもつながっているのだ。

安室奈美恵をはじめ、『ごくせん』で人気爆発した仲間由紀恵、バラエティー番組では欠かせない存在となってきたガレッジセールの川田広樹とゴリがいて、ダチョウ倶楽部の肥後克広もそうだ。ほかにも、「涙そうそう」がヒットした夏川りみ、『ちゅらさん』で人気を博した国仲涼子に加え、黒木メイサ、新垣結衣《あらがきゆい》、満島ひかりなどの歌手や女優、タレントも非常に多い。少し古いところでは、「17才」で国民的アイドル歌手となった南沙織《みなみさおり》などは、沖縄県人の中央志向の強さを示した先駆と言ってもいいであろう。

スポーツ界でも具志堅用高《ぐしけんようこう》、浜田剛史、渡嘉敷勝男《とかしきかつお》といったボクシングの世界タイトルホルダーを輩出しているし、近年では女子プロゴルフに人材が溢れている。スーパーヒロインとして輝いた宮里藍はじめ、宮里美香、諸見里《もろみざと》しのぶらがいる。中央へ出て一発勝負に挑んでみる冒険心というか勇気の裏には、「もしダメなら、沖縄へ帰ればいいさぁ」という気持ちもあるのかもしれない。それだけ、沖縄県は出身者にとっては、いつでも迎え入れてくれる温かさもあるのだ。その背景と根っこには、沖縄人としての「ウチナンチュー」の誇りがあることも確かである。

●今や高校野球では有力県の一つに成長

それでは、沖縄の高校野球はどうだろうか。実は、長い間沖縄の高校野球関係者の間で言われ続けてきたのは、「われわれにとっての戦後は、甲子園で優勝するチームを出したときに、本当の意味で終わる」ということである。かつては、甲子園に出場した首里《しゅり》の選手たちが持ち帰ろうとした甲子園の土が検疫にかかって捨てられたり、甲子園でも同情の拍手を浴び、大敗しなければ大健闘と言われていた時代もあった。

それが、徐々に変化してきたのは一九七五（昭和五〇）年に豊見城《とみしろ》が登場してきた頃からだ。栽弘義《さいひろよし》監督がその後沖縄水産へ異動してより強固なチームをつくりあげる。八八（昭和六三）年夏にベスト4に進出し、九〇年、九一年と連続して決勝進出。深紅の大優勝旗に手の届くところにまできていた。スタンドはいつも指笛で賑わい、それに後押しされるように、とにかく陽気に打ちまくっていくという印象だった。

こうして強い沖縄がいつ優勝するのかということが待たれるようになる。県内でも次第に、代表校は甲子園で二つ三つ勝つのが当たり前と言われはじめた。その悲願を達成したのが、九九年春の沖縄尚学だった。攻守に高いレベルでまとまりがあり、意識の高い選手が多く、沖縄勢の逞しさと気候を活かした豊富な練習量の中で鍛えあげたチーム力を見せつけた。そのエースだった比嘉公也《ひがこうや》が監督となり、二〇〇八年春には二度目の全国制覇を果たす。さらに極めつけとなったのが、一〇年の興南《こうなん》だ。圧倒的な力を発揮したこの年、春夏連続優勝を果たして、ここに沖縄野球は一つの粋を極めたと言ってもいいくらいになった。

その後も、沖縄尚学と興南を中心に中部商、浦添《うらそえ》商、糸満《いとまん》などが当然のように甲子園で実績を残している。これに美里《みさと》工や嘉手納《かでな》といったところも加わって競い合っている。

●強い沖縄勢の背景は、恵まれた身体能力に加え工夫と情熱

沖縄勢が強くなった背景には、沖縄県民の生活が以前に比べると多少なりとも豊かになったという事実があるだろう。そもそも、チャンプル料理（チャンプルとは混ぜるという意味）で、野菜を多くとり、子供の頃から身体バランスのいい料理を口にしているということもある。自然食に近い食生活なので、余分な脂肪も少ない。鉄道がない県なので、積極的に歩いたり、自転車で移動することも多くなるだろうから、知らず知らずのうちに足腰が鍛えられている。事実、沖縄の選手は足腰が強くバネがある。

これは、野球部だけではなく、バレーボールやバスケットボールの選手にも言える。県

民体質上か、突出して背の高い選手が育たないので超高校級を輩出することは難しいが、全国大会に出場する中部商や西原《にしはら》などのバレーボール選手は非常に滞空時間が長い。また、バスケットボールでは興南や北中城《きたなかぐすく》は全国区の強豪である。

そして、強さの背景のもう一つの要素として、指導者たちの熱さと工夫の精神もある。三月の早い時期に全国の有力校に声をかけて、「大規模交流試合」を編成している。県外の強豪と切磋琢磨していくことで、確実に実戦経験を蓄え、それに伴い、実力がアップしていくことは当然である。

雨の多い土地なので、雨天対策も余念がなく、手づくりの雨天練習場を持つ学校や、ブルペンに工夫を加えているなど、限られた環境でさまざまなことを考えている。そういった姿勢は、かつて物資に恵まれなかった沖縄人の知恵による工夫の精神であろう。

●プロ野球のキャンプのメッカで野球意識が向上

もう一つ、沖縄の野球環境として忘れてはならないのは、毎年二月にプロ野球の多くの球団がキャンプを張ることである。少なくとも、日本で最高峰にある野球の技術を持つ選手たちの基本トレーニングから、チーム練習に至るまでを、手軽に見学することができるのだ。また、これに伴って沖縄県内の野球場の施設が充実していった。環境が整ってくれば、当然のことながら選手たちのモチベーションも上がっていくというものである。

トレーニングに関しても、プロでやっていることを積極的に導入している学校も少なくない。とくに、ファームの基本練習などは、高校野球選手には間違いなく参考になるはずである。また、開放的で社交的な沖縄県民は積極的で人との交流を拒まないので、疑問に思ったことはすぐに聞いてみるという姿勢も感じられる。

また、プロ野球のキャンプと相前後して大学野球でも亜細亜大や慶應義塾大など東京の名門校や東北福祉大や八戸学院大はじめ東北や関西の有力校が相次いでキャンプに訪れる。各校のオープン戦も繰り広げられるのも見学できる。また、県内大学などもこうした中で実戦経験を積むことによって、チーム力がアップしていくことは確実だろう。

沖縄は独立した島なので一見クローズした印象を与えるが、県民気質としては情報収集に関しても積極的だ。そんな傾向は沖縄の大学野球にも、確実に浸透している。現状では、沖縄国際大と名桜《めいおう》大の二校が、九州地区大学野球連盟で対等に戦える位置にいる。

一〇〇字書評

切り取り線

購買動機（新聞、雑誌名を記入するか、あるいは○をつけてください）

□（　　　　　　　　　　）の広告を見て	
□（　　　　　　　　　　）の書評を見て	
□ 知人のすすめで	□ タイトルに惹かれて
□ カバーがよかったから	□ 内容が面白そうだから
□ 好きな作家だから	□ 好きな分野の本だから

●最近、最も感銘を受けた作品名をお書きください

●あなたのお好きな作家名をお書きください

●その他、ご要望がありましたらお書きください

住所	〒				
氏名		職業		年齢	
新刊情報等のパソコンメール配信を 希望する・しない	Eメール	※携帯には配信できません			

あなたにお願い

この本の感想を、編集部までお寄せいただけたらありがたく存じます。今後の企画の参考にさせていただきます。Eメールでも結構です。

いただいた「一〇〇字書評」は、新聞・雑誌等に紹介させていただくことがあります。その場合はお礼として特製図書カードを差し上げます。

前ページの原稿用紙に書評をお書きの上、切り取り、左記までお送り下さい。宛先の住所は不要です。

なお、ご記入いただいたお名前、ご住所等は、書評紹介の事前了解、謝礼のお届けのためだけに利用し、そのほかの目的のために利用することはありません。

〒一〇一-八七〇一
祥伝社黄金文庫編集長　吉田浩行
☎〇三（三二六五）二〇八四
ohgon@shodensha.co.jp

祥伝社ホームページの「ブックレビュー」からも、書けるようになりました。

http://www.shodensha.co.jp/bookreview/

祥伝社黄金文庫

野球《やきゅう》でわかる47都道府県《とどうふけん》「県民性《けんみんせい》」

平成26年7月30日　初版第1刷発行

著　者　手束《てづか》 仁《じん》
発行者　竹内和芳
発行所　祥伝社《しょうでんしゃ》
〒101－8701
東京都千代田区神田神保町3－3
電話　03（3265）2084（編集部）
電話　03（3265）2081（販売部）
電話　03（3265）3622（業務部）
http://www.shodensha.co.jp/

印刷所　萩原印刷
製本所　ナショナル製本

Printed in Japan　© 2014, Tezuka Jin　ISBN978-4-396-31644-0 C0195

祥伝社黄金文庫

上田武司
プロ野球スカウトが教える 一流になる選手 消える選手
一流の素質を持って入団しても、明暗が分かれるのはなぜか？ 伝説のスカウトが熱き想いと経験を語った。

上田武司
プロ野球スカウトが教える ここ一番に強い選手 ビビる選手
チャンスに強く、ピンチに動じない勝負強い選手の共通点とは？ 巨人一筋44年の著者が名選手の素顔を！

三宅 博
虎のスコアラーが教える「プロ」の野球観戦術
タイガース25年のスコアラー生活で培《つちか》った「プロの眼」で見た、勝てるチーム、銭の稼げる選手の理由《わけ》！

神山典士
グレイシー一族に柔術を教えた男 不敗の格闘王 前田光世伝
世界を放浪し、異種格闘技戦2000勝無敗の伝説を残した「コンデ・コマ」（コマ伯爵）と呼ばれた男が見た夢とは……。

児玉光雄
イチローの逆境力
イチローほど逆境を味方につけて飛躍を遂げたアスリートはいない。そんな彼の思考・行動パターンに学ぶ！

甲野《こうの》善紀《よしのり》
荻野《おぎの》アンナ
古武術で毎日がラクラク！ 疲れない、ケガしない「体の使い方」
重い荷物を持つ、階段を上る、肩こりをほぐす、老親を介護するetc.……体育「2」の荻野アンナも即、使えたテクニック！

祥伝社黄金文庫

合田道人
全然、知らずにお参りしてた神社の謎
お賽銭の額が10円だとよくないのはなぜ？　日本人なら知っておきたい神社の歴史や作法がやさしくわかる。

武光　誠
主役になり損ねた歴史人物100
信長も手こずらせた戦国最凶の奸物とは？　日本唯一の黒人戦国武士は？　歴史の陰に、こんな面白い人物がいた！

田中　聡
人物探訪　地図から消えた東京遺産
大隈重信と新橋ステーション、永井荷風と麻布・偏奇館…失われた名所で繰り広げられた数々のドラマ！

田中　聡
荒俣　宏
伝説探訪　東京妖怪地図
番長皿屋敷の井戸、お岩稲荷、呪われた土地に建つ新都庁……現地取材と文献渉猟《しょうりょう》でもう一つの東京に迫る。

田中　聡
元祖探訪　東京ことはじめ
とんかつ、人力車、料理学校、お子さまランチ、動物園……元祖を探ると日本近代化の道筋がよく見える。

中嶋嶺雄
なぜ、国際教育大学で人材は育つのか
開学7年で東大・京大レベルの偏差値になった新設大学の奇跡！　生き残る人材の条件を浮き彫りにする。